珍藏吉水

吉水县博物馆　编著
叶　翔　主编

文物出版社

责任编辑：孙　霞　张晓曦

责任印制：张道奇

图书在版编目（CIP）数据

珍藏吉水／吉水县博物馆编著；叶翔主编．-- 北京：文物出版社，2014.4

ISBN 978-7-5010-3974-6

Ⅰ．①珍…　Ⅱ．①吉…　Ⅲ．①博物馆－介绍－吉水县　Ⅳ．①G269.275.64

中国版本图书馆CIP数据核字(2014)第042326号

珍藏吉水

编　　著　吉水县博物馆
主　　编　叶　翔

出版发行　文物出版社
社　　址　北京市东直门内北小街2号楼
网　　址　www.wenwu.com
邮　　箱　web@wenwu.com
制　　版　北京图文天地制版印刷有限公司
印　　刷　北京图文天地制版印刷有限公司
经　　销　新华书店
开　　本　889×1194　1/16
印　　张　16
版　　次　2014年4月第1版
印　　次　2014年4月第1次印刷
书　　号　ISBN 978-7-5010-3974-6
定　　价　260.00元

序

吉水自隋末建县以来已有1300多年历史，素有“文章节义之邦，人文渊源之地”的美誉。它是庐陵文化中心发源地之一，历史上出现过“一门三进士，隔河两宰相，五里三状元，十里九布政，九子十知州”、“翰林多吉水，朝士半江西”的人文盛况。悠久历史的灿烂的文化，不仅养育了杨万里、解缙、罗洪先等一大批名人学士，也通过岁月的沉淀，遗存了大量丰富而又珍贵的历史文物。

吉水文博的同志们从万余件珍藏文物中爬罗剔抉，精心编撰了《珍藏吉水》一书。本书收录了陶瓷器、玉石器、铜器、银器、骨牙角器、书法绘画、文献文书以及杂项8大类、200余张珍贵文物图片，可以说是对我县珍贵历史文物的全面系统汇录整理和集大成，是弘扬吉水历史文化的又一新篇章，是世人了解吉水、品味吉水、宣传吉水的又一文化名片。黝黑锃亮的波纹双系罐、红斑绿锈的青铜朱雀、晶莹欲滴的玉带钩、秀挺刚劲的汉白玉碑刻等珍贵文物，不仅反映了吉水丰富的人文资源和厚重的文化遗存，蕴含着古代能工巧匠的精湛艺术和高超智慧，陶冶了人们的审美情趣和艺术情操。而且透过这些精美文物图片，也让我们在穿越时光隧道中深深感受吉水历史的悠久和辉煌，在品鉴历史的片光吉羽中细心领悟文明的巨大震撼力和感染力，在保护好、研究好、利用好、传承好文化资源中加快推进文化的大发展、大繁荣。

寻找历史足迹，感受灿烂文明，汲取历史营养，激发创新活力。《珍藏吉水》一书，是挖掘吉水历史文化的优秀成果，它将以历久弥新的魅力和生生不息的活力，激励后人在传承历史辉煌中，续写更加美好的明天！是为序。

中共吉水县委书记

2013年6月15日

目录

陶瓷器

陶瓷器

一 多角陶罐

北宋
高29厘米
口径8.7厘米
底径8.4厘米
吉水县城盘龙新村出土

二 青釉双系水波纹盘口壶

东汉
高20厘米
口径12厘米
底径9.5厘米
1994年吉水县城盘龙新村出土

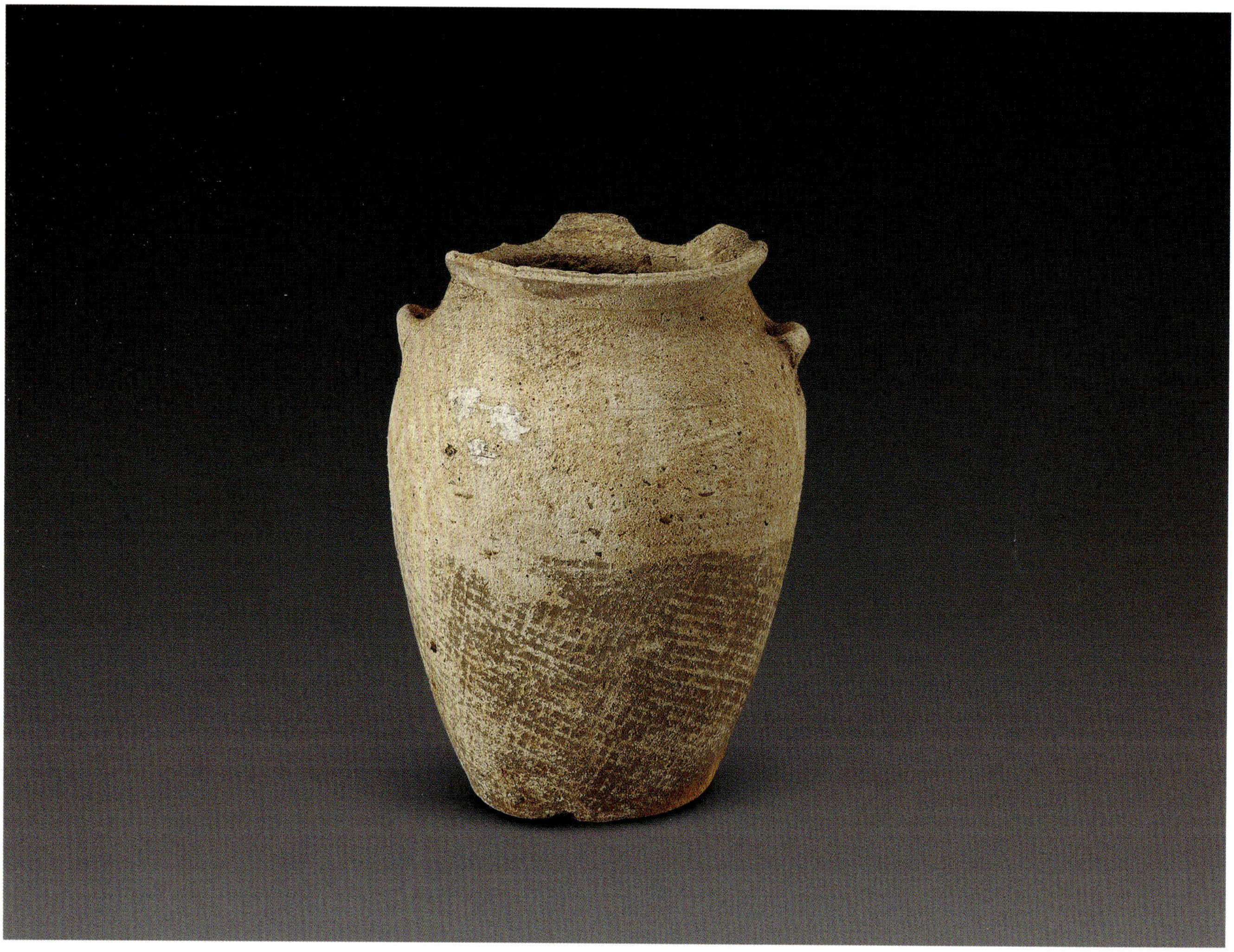

三 青釉方格纹双系罐

东汉
高13厘米
口径8厘米
底径5.5厘米
吉水县城盘龙新村出土

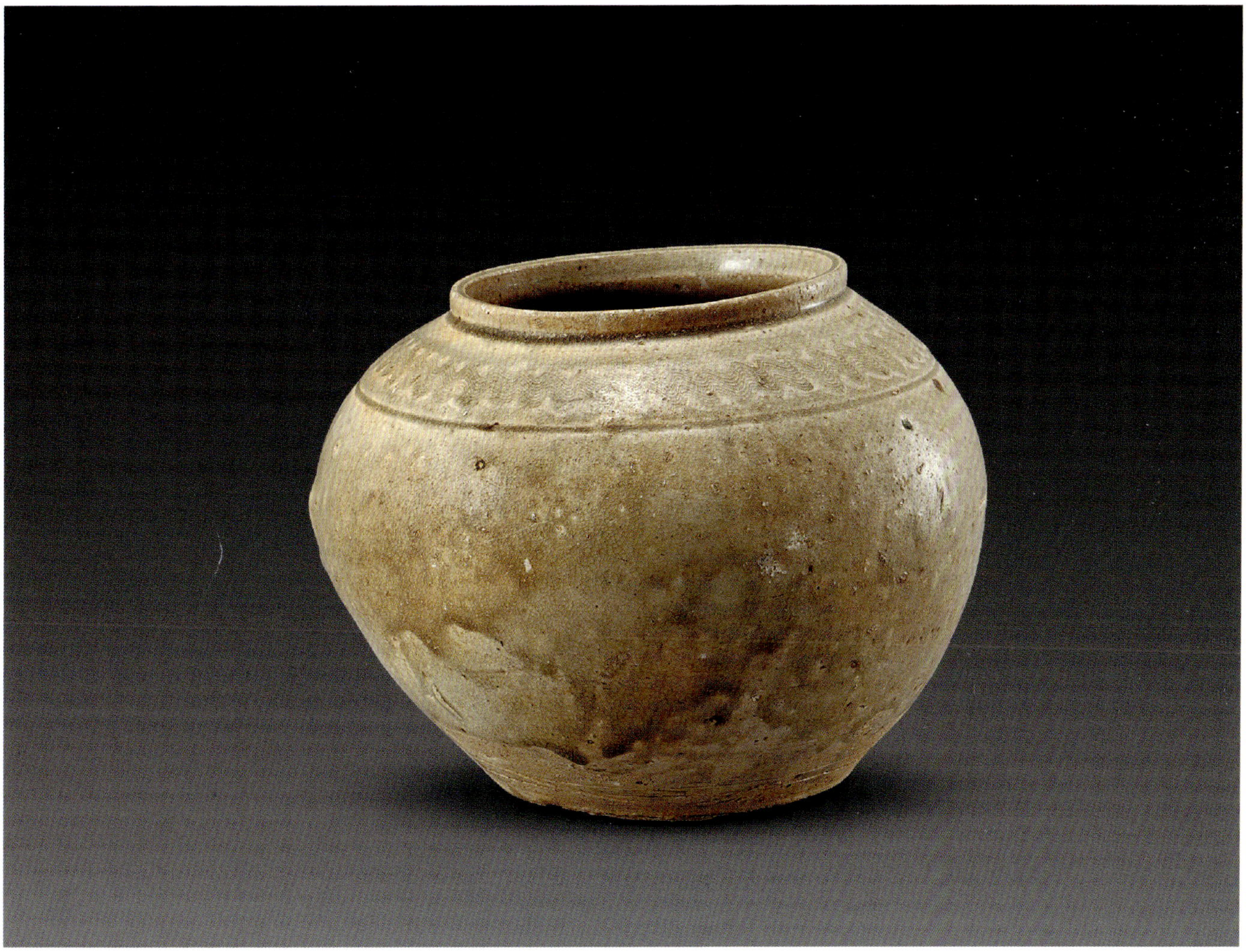

四 洪州窑青釉水波纹罐

三国东吴
高15厘米
口径11.3厘米
底径10.7厘米
1994年吉水县富滩东吴墓出土

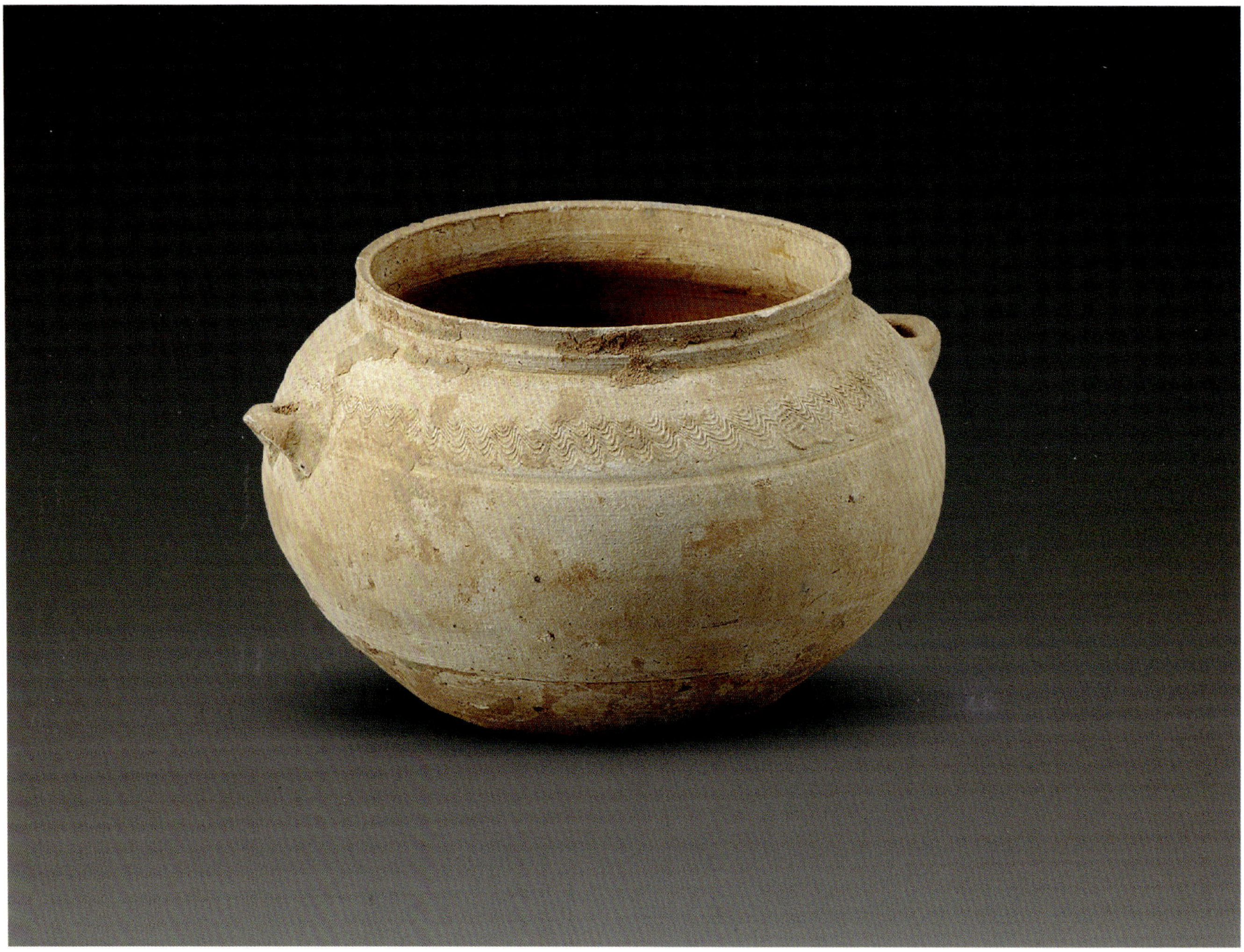

五 洪州窑青釉水波纹双系罐

三国东吴
高8.2厘米
口径9.7厘米
底径8厘米
1994年吉水县富滩东吴墓出土

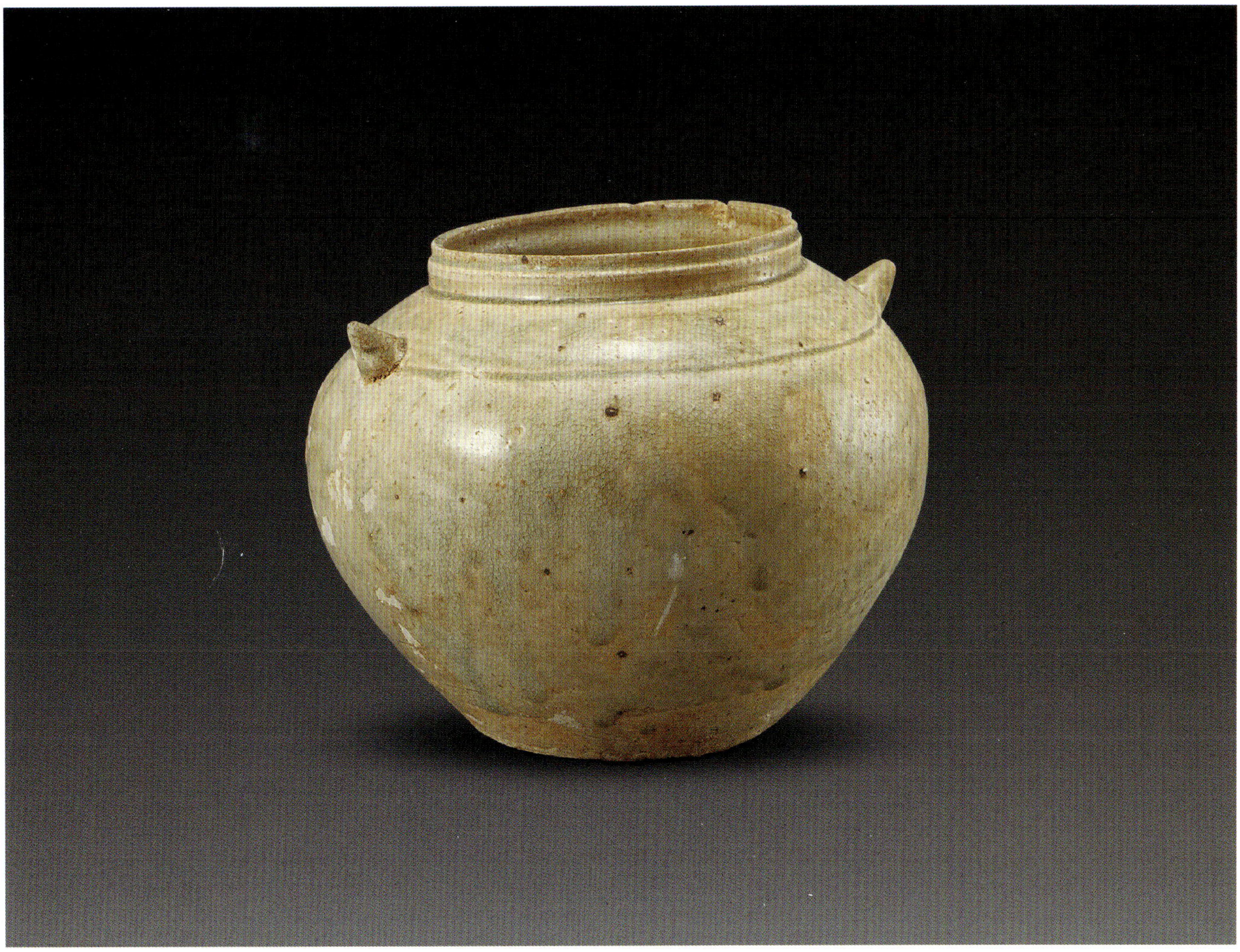

六 洪州窑青釉弦纹对角罐

三国东吴
高13.5厘米
口径10厘米
底径9厘米
1994年吉水县富滩东吴墓出土

七 洪州窑青釉弦纹唾壶

三国东吴
高9厘米
口径10厘米
底径6厘米
1994年吉水县富滩东吴墓出土

八 洪州窑青釉水波纹钵

三国东吴
高4厘米
口径9厘米
底径5厘米
1994年吉水县富滩东吴墓出土

九 洪州窑青釉水波纹擂钵

三国东吴
高8.5厘米
口径12.5厘米
底径8厘米
1994年吉水县富滩东吴墓出土

一〇 洪州窑青釉水波纹带盖钵

三国东吴
通高8.5厘米
口径13.3厘米
底径7.8厘米
1994年吉水县富滩东吴墓出土

一一 洪州窑青釉水波纹盏托

三国东吴
通高9厘米
盏口径13厘米
盘口径16厘米
底径9.5厘米
1994年吉水县富滩东吴墓出土

一二 洪州窑青釉弦纹高柄灯盏

三国东吴
通高12.4厘米
盏口径11.7厘米
托盘口径16厘米
底径8厘米
1994年吉水县富滩东吴墓出土

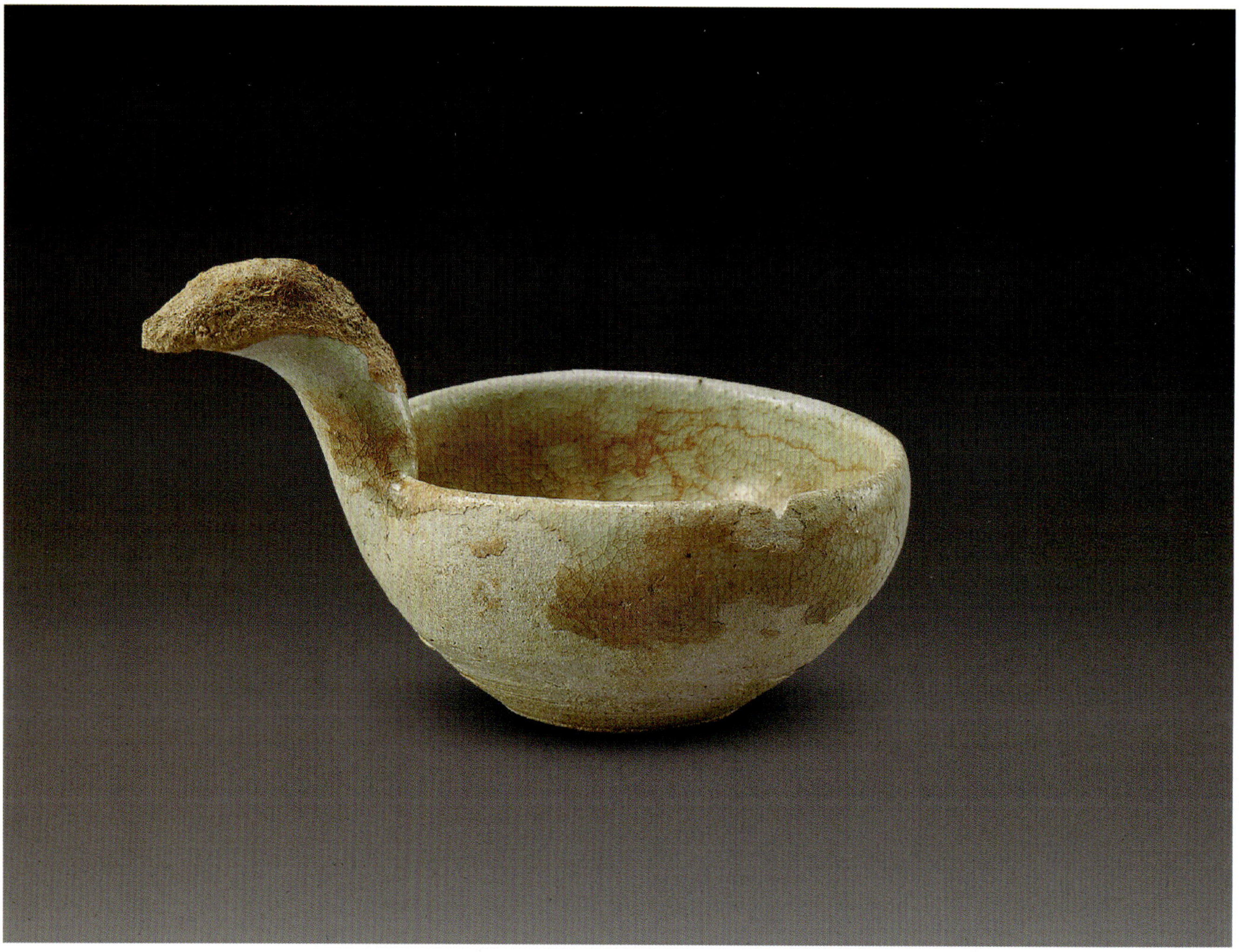

一三 洪州窑青釉勺

三国东吴
通高6厘米
口径6.5厘米
底径3厘米
1994年吉水县富滩东吴墓出土

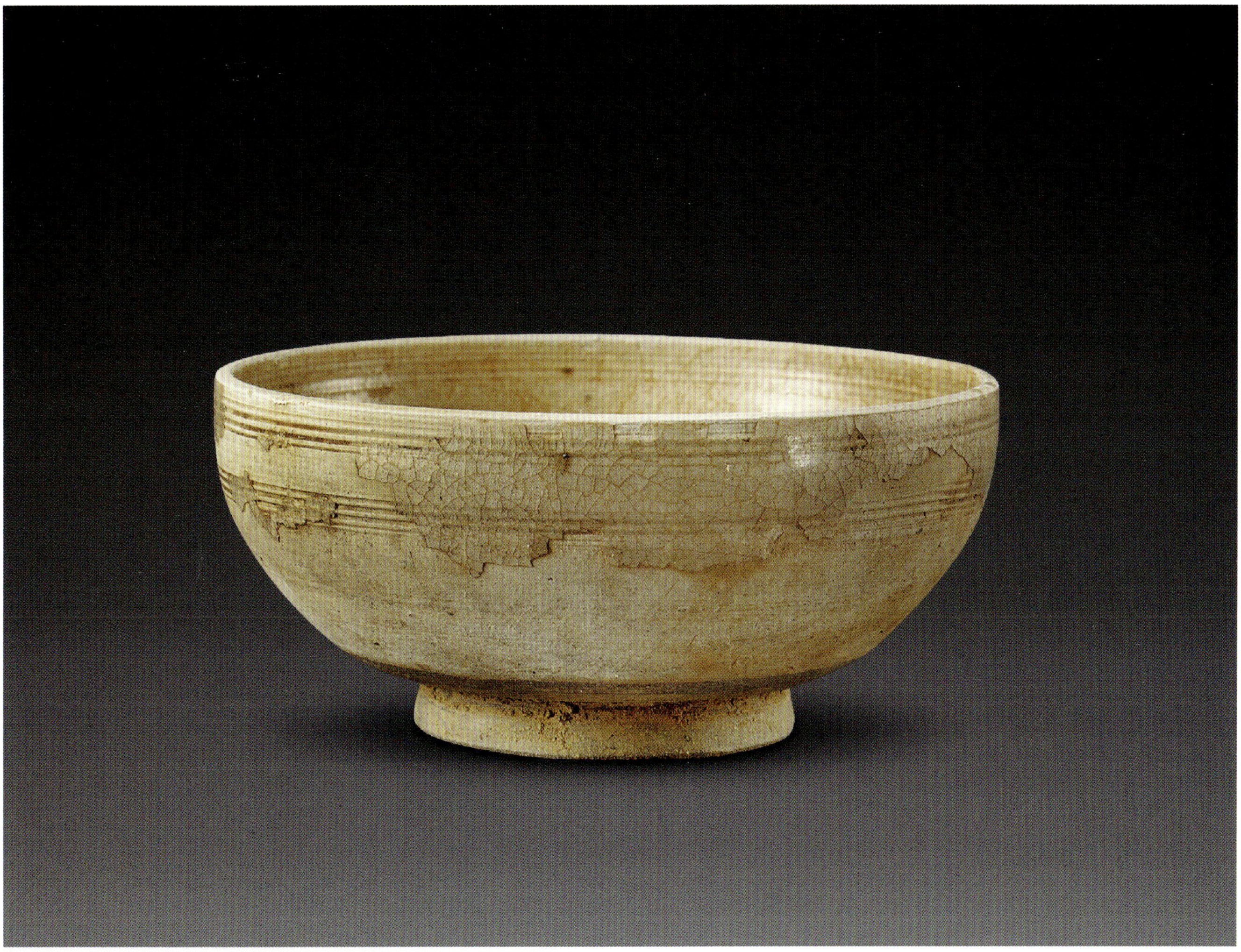

一四 洪州窑青黄釉弦纹碗

三国东吴
高5.7厘米
口径12.4厘米
底径6.2厘米
1994年吉水县富滩东吴墓出土

一五 洪州窑青釉突棱立鸟谷仓

三国东吴
通高26厘米
腹径23厘米
底径16厘米
1994年吉水县富滩东吴墓出土

一六 洪州窑青釉灶

三国东吴
通高16.5厘米
长29厘米
宽18厘米
1994年吉水县富滩东吴墓出土

一七 洪州窑青釉水波纹人字形水井

三国东吴
通高30厘米
口径23厘米
底径22厘米
1994年吉水县富滩东吴墓出土

一八 洪州窑青釉人字形吊水桶

三国东吴
通高11.8厘米
口径7.2厘米
底径6.4厘米
1994年吉水县富滩东吴墓出土

一九 洪州窑青釉厕所

三国东吴
通高13厘米
长25厘米
宽13厘米
1994年吉水县富滩东吴墓出土

二〇 洪州窑青釉雌猪

三国东吴
通高5.3厘米
长10厘米
1994年吉水县富滩东吴墓出土

二一 洪州窑青釉鸡

三国东吴
通高6.8厘米
长12厘米
1994年富滩东吴墓出土

二二 青釉四系筒形盖罐

西晋
高8.8厘米
口径11厘米
底径9.5厘米
吉水县出土

二三 越窑青釉方格纹碗

西晋
高6.3厘米
口径15.9厘米
底径8.2厘米
1993年八都1号墓出土

二四 洪州窑青釉四系罐

南朝
高7厘米
口径8厘米
底径7厘米
吉水县出土

二五 洪州窑青釉盘托三足炉

南朝
通高7.5厘米
口径10.3厘米
底径13厘米
吉水县出土

二六 洪州窑青釉五盅盘

南朝
通高4厘米
盘口径17厘米
底径15厘米
吉水县出土

二七 青黄釉四系罐

隋开皇二十年（600）
高9.8厘米
口径7.5厘米
底径7.0厘米
2011年吉水房后山“开皇二十年”M2出土

二八 青釉小罐

隋开皇二十年（600）
高6.5厘米
口径7.0厘米
底3.7厘米
2011年吉水房后山墓地“开皇二十年”M11出土

二九 青褐釉四系盘口壶

隋开皇二十年（600）
高14.7厘米
口径9.2厘米
底径9.5厘米
2011年吉水房后山“开皇二十年”M2出土

三〇 青褐釉唾壶

隋开皇二十年（600）
高8.5厘米
口径5.5厘米
底径5.5厘米
2011年吉水房后山“开皇二十年”M2出土

三一 青褐釉瓢尊

隋开皇二十年（600）
通高6.8厘米
口径10.4厘米
底径4厘米
2011年吉水房后山“开皇二十年”M2出土

三二 青黄釉碗

隋开皇二十年（600）
高6.1厘米
口径16.5厘米
底径6.6厘米
2011年吉水房后山“开皇二十年”M2出土

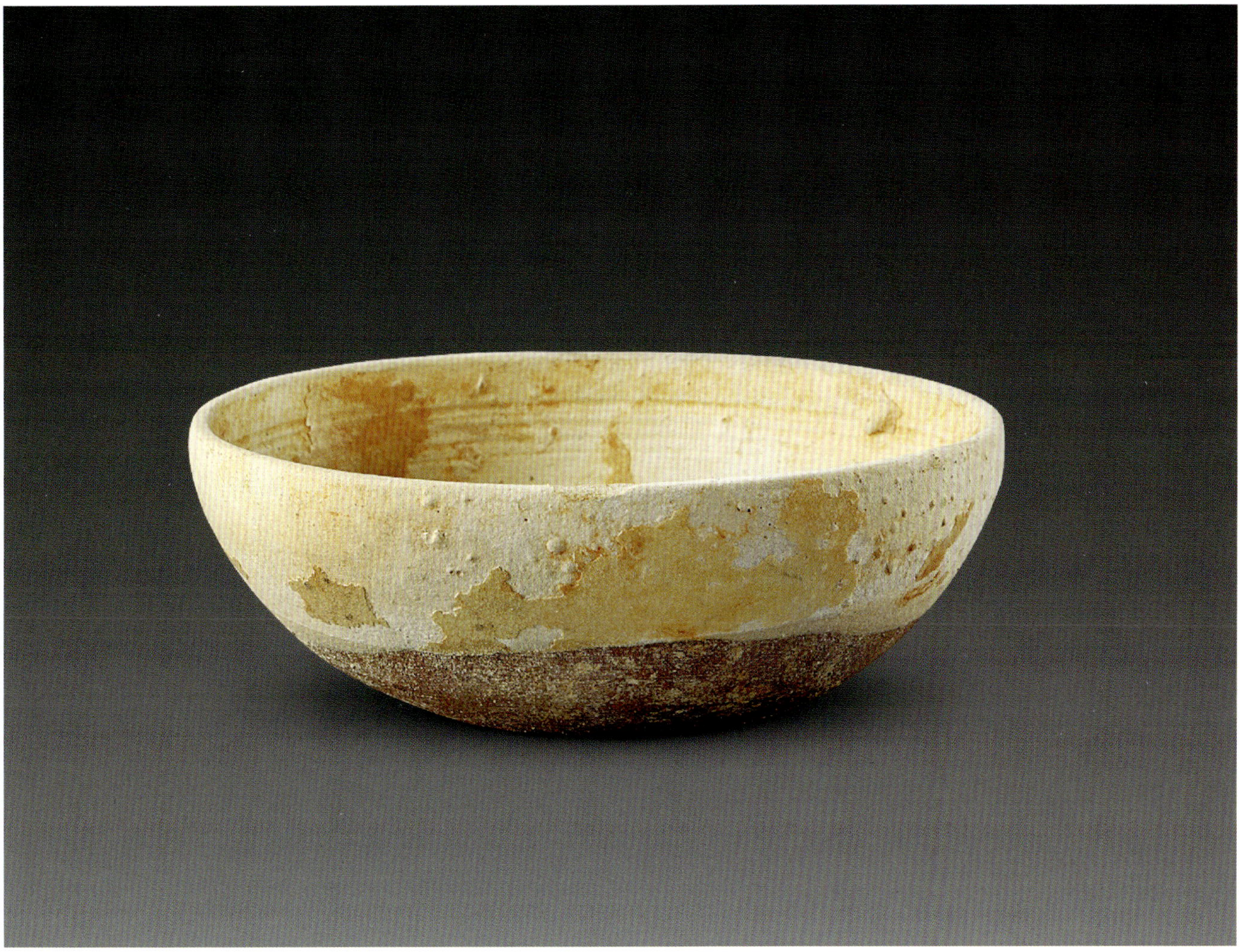

三三 洪州窑青黄釉印团花纹钵

隋开皇二十年（600）
高6厘米
口径16.5厘米
底径6.5厘米
2011年吉水房后山墓地“开皇二十年”M11出土

三四 洪州窑青黄釉印团花纹钵

隋开皇二十年（600）
高4.5厘米
口径11.5厘米
2011年吉水房后山墓地“开皇二十年”M11出土

三五 洪州窑青黄釉印枝叶纹钵

隋开皇二十年（600）
高4.5厘米
口径11.5厘米
2011年吉水房后山墓地“开皇二十年”M11出土

三六 洪州窑青黄釉印花高足盘

隋
高8.5厘米
口径20厘米
底径13.5厘米
吉水县博物馆征集

三七 青褐釉盘托三足炉

隋开皇二十年（600）
通高7.5厘米
炉口径9.5厘米
盘底径5厘米
2011年吉水房后山墓地“开皇二十年”M2出土

三八 青褐釉灯盏

隋开皇二十年（600）
通高4.8厘米
口径11厘米
底径5厘米
2011年吉水房后山墓地“开皇二十年”M11出土

三九 青褐釉插器

隋开皇二十年（600）
通高6.5厘米
底径6.5厘米
2011年吉水房后山墓地“开皇二十年”M2出土

四〇 青黄釉五足砚台

隋开皇二十年（600）
高5厘米
口径15厘米
2011年吉水房后山墓地“开皇二十年”M2出土

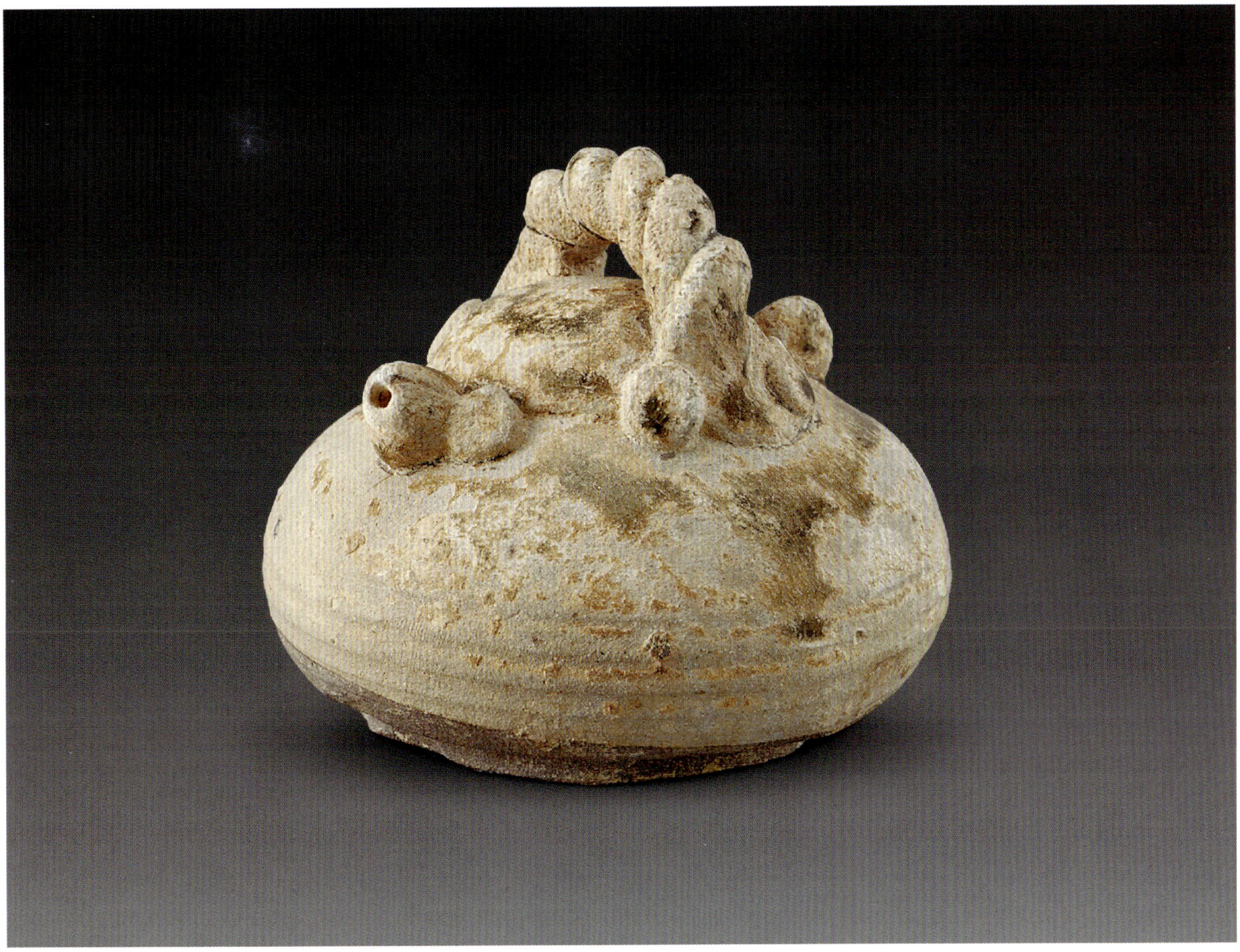

四一　青褐釉提梁水注

隋开皇二十年（600）
通高7.5厘米
底径6.5厘米
2011年吉水房后山墓地“开皇二十年”M11出土

四二 青褐釉提梁水注

隋开皇二十年（600）
高5厘米
底径5厘米
2011年吉水房后山墓地“开皇二十年”M2出土

四三 青釉五盅盘

隋开皇二十年（600）
通高3.9厘米
口径12.4厘米
底径6.4厘米
盅口径3.2～3.6厘米
2011年吉水房后山墓地“开皇二十年”M2出土

四四 青褐釉耳杯盘

隋开皇二十年（600）
通高3.4厘米
口径11.5厘米
底径6.5厘米
2011年吉水房后山墓地“开皇二十年”M2出土

四五 青褐釉分格盘

隋开皇二十年（600）
通高3厘米
口径11厘米
底径6厘米
2011年吉水房后山墓地“开皇二十年”M2出土

四六 青褐釉妇人烹饪灶

隋开皇二十年（600）
通高6.5厘米
长7.6厘米
宽6.0厘米
2011年吉水房后山墓地“开皇二十年”M11出土

四七 青釉妇人烹饪灶

隋开皇二十年（600）
通高8厘米
长11厘米
2011年吉水房后山墓地“开皇二十年”M2出土

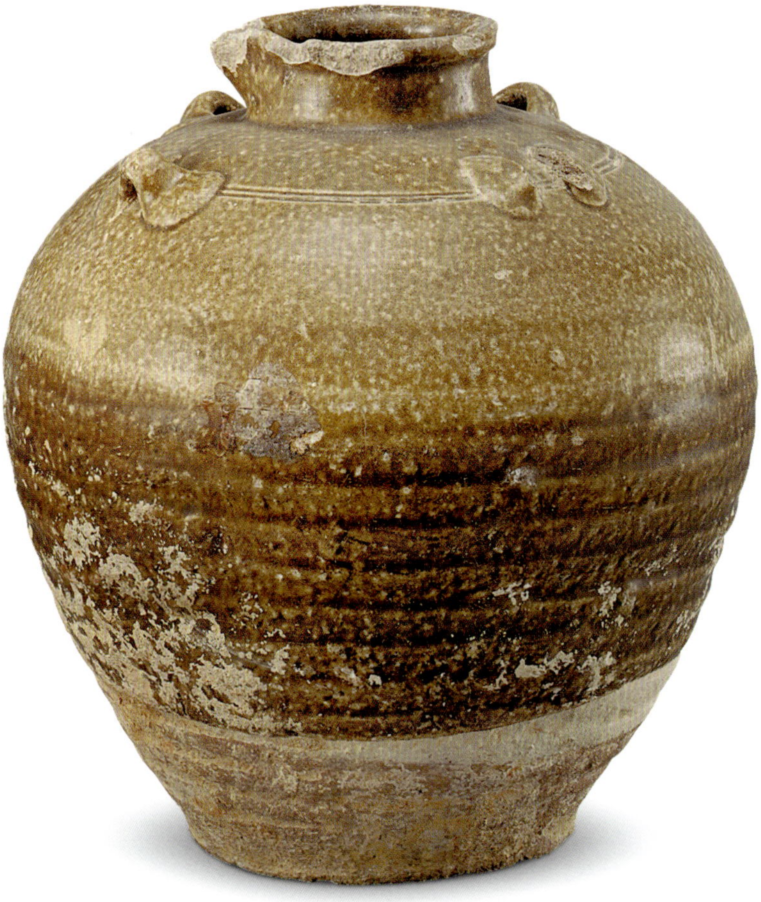

四八 青黄釉弦纹四系罐

唐
高24厘米
口径7.6厘米
底径12厘米
吉水县出土

四九 青黄釉四系盘口壶

唐
高16.8厘米
口径10.3厘米
底径8.2厘米
吉水县出土

五〇 青灰釉四系壶

晚唐五代
高5.5厘米
口径8厘米
底径9厘米
吉水县出土

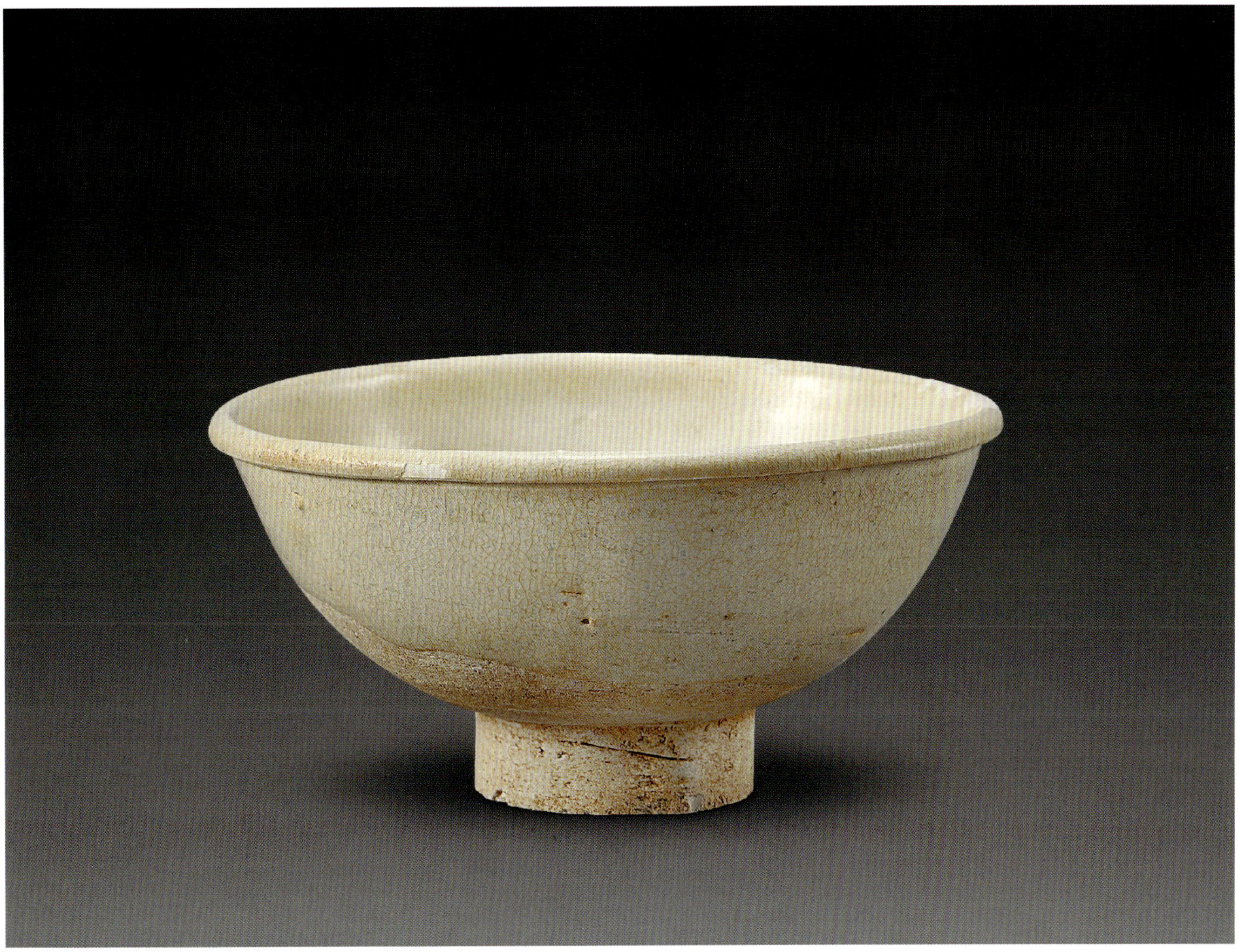

五一 青白釉唇口高足碗

北宋
高7厘米
口径14.5厘米
底径5.5厘米
吉水县博物馆征集

五二 青白釉唇口高足碗

北宋
高8.5厘米
口径15厘米
底径5厘米
吉水县博物馆征集

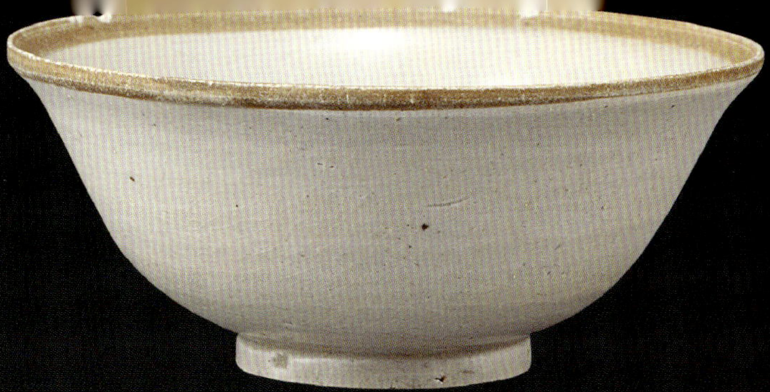

五三　青白釉芒口碗

南宋
高6厘米
口径16厘米
底径6厘米
吉水县博物馆征集

五四　青白釉芒口碗

南宋
高4.5厘米
口径15厘米
底径5厘米
吉水县博物馆征集

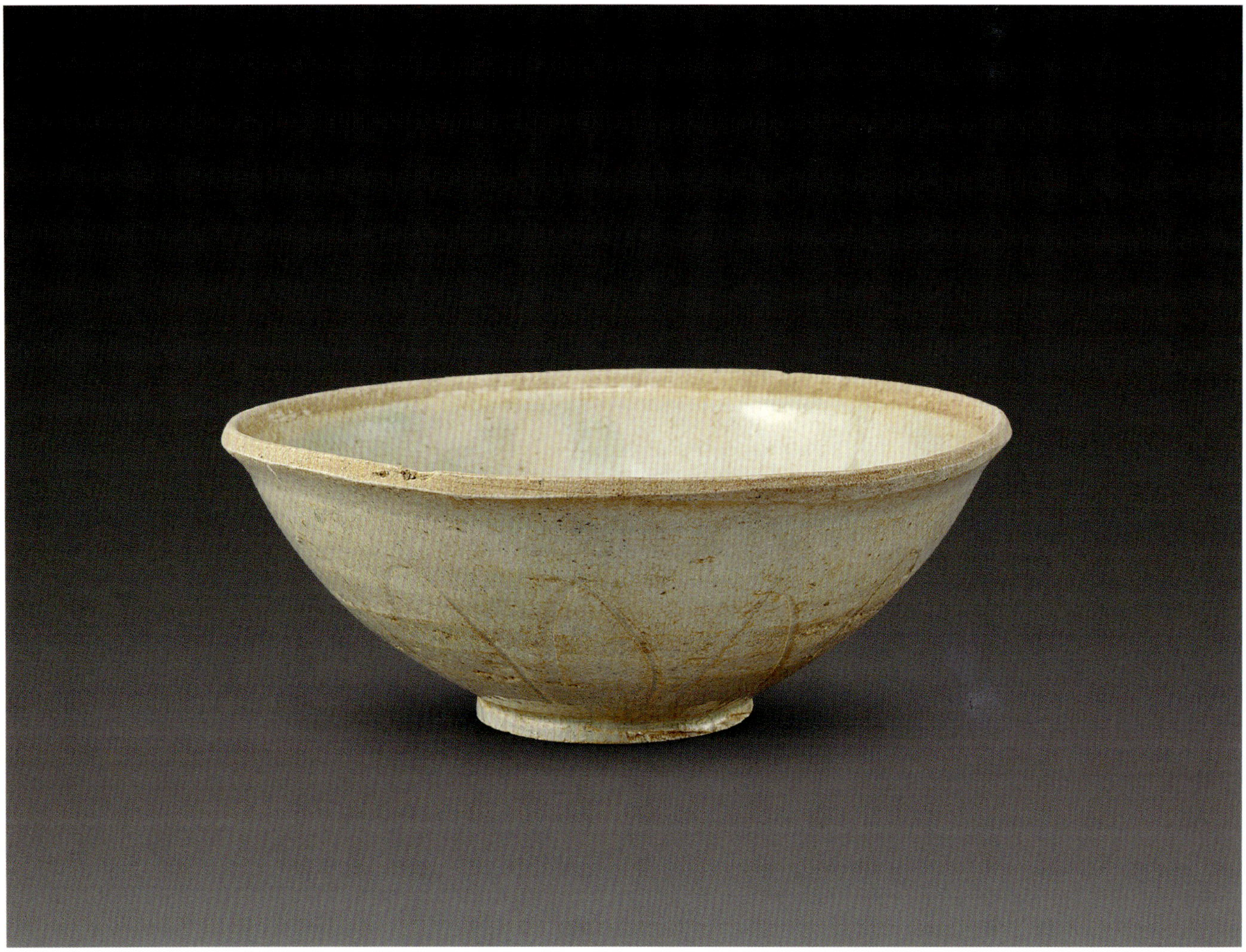

五五 青白釉莲瓣纹芒口碗

南宋
高6厘米
口径16厘米
底径5.5厘米
吉水县博物馆征集

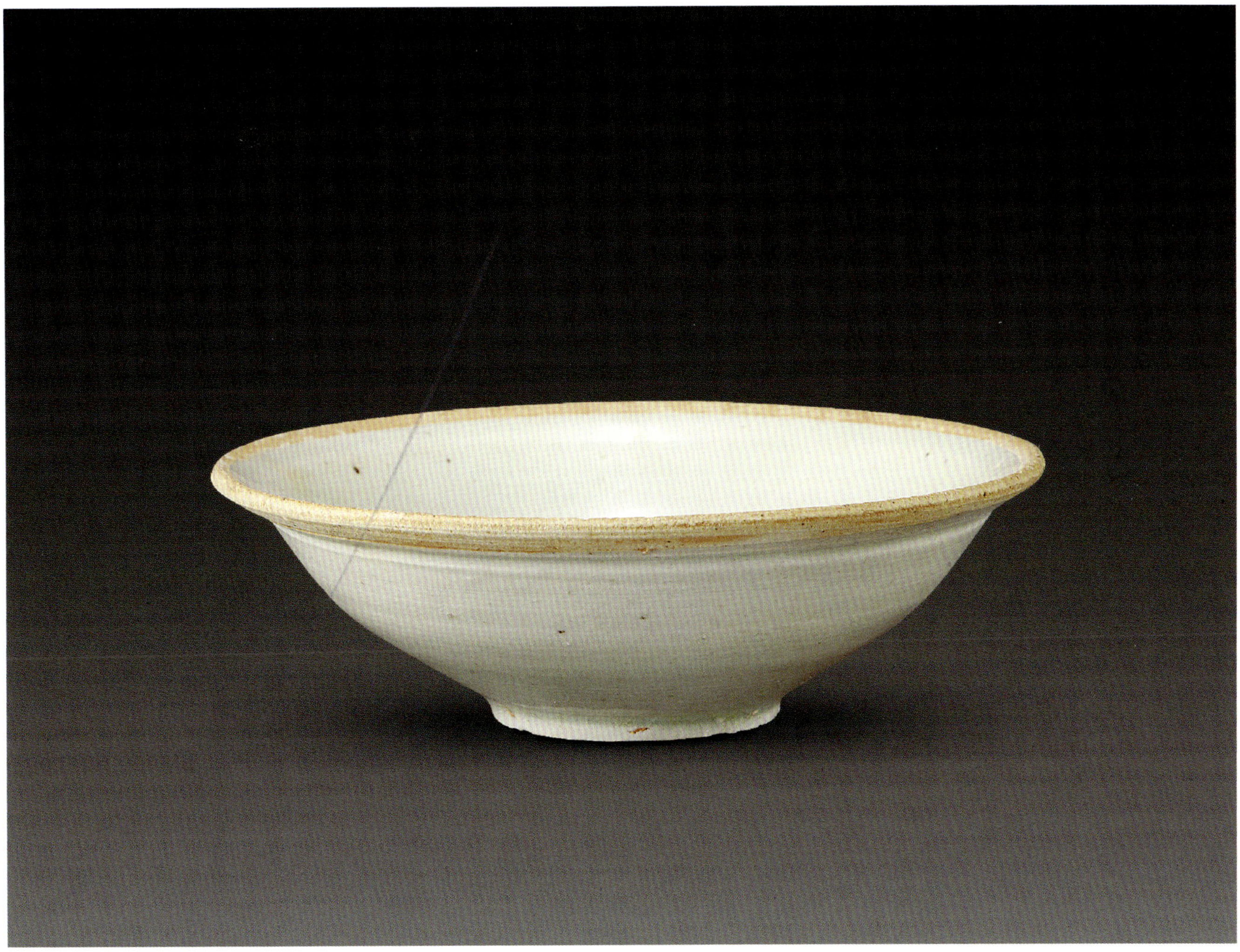

五六 青白釉芒口碗

南宋
高5.5厘米
口径15.5厘米
底径5.5厘米
吉水县博物馆征集

五七 青白釉碗

南宋
高4.5厘米
口径12.5厘米
底径5.5厘米
吉水县博物馆征集

五八 定窑白釉印花菊纹芒口碗

南宋宝祐二年（1254）
高4.5厘米
口径15.6厘米
底径3.3厘米
1982年金滩乡洞源村太平山张宣义墓出土

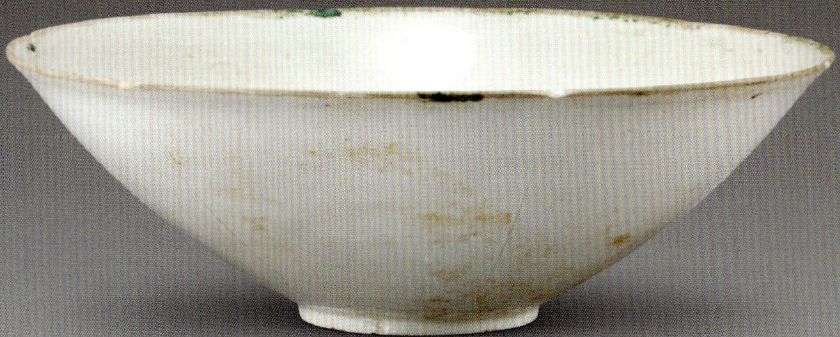

五九 定窑白釉刻折枝萱草纹葵口碗

南宋宝祐二年（1254）
高6.3厘米
口径19.3厘米
底径4.1厘米
1982年金滩乡洞源村太平山张宣义墓出土

六〇 耀州窑青釉刻孩儿攀花纹碗

南宋宝祐二年（1254）
高4.5厘米
口径17.3厘米
底径5厘米
1982年金滩乡洞源村太平山张宣义墓出土

六一 建窑黑釉兔毫纹盏

南宋宝祐二年（1254）
高5厘米
口径10.8厘米
底径4.1厘米
1982年金滩乡洞源村太平山张宣义墓出土

六二 吉州窑黑釉莲瓣纹三足炉

南宋
通高8厘米
口径12.5厘米
底径8厘米
吉水县公安局移交

六三 吉州窑黑釉盖罐

南宋
高12厘米
口径5.4厘米
底径4.7厘米
吉水县博物馆征集

六四 吉州窑绿釉莲瓣纹高足炉

南宋
高8.3厘米
口径9.8厘米
底径6.4厘米
吉水县出土

六五 青白釉莲瓣纹瓶

元
高16厘米
口径5.5厘米
底径6.5厘米
1982年住岐乡大塘村出土

六六 青白釉堆塑皈依瓶（一对）

元
通高52厘米
口径6.5厘米
底径9厘米
1982年住歧乡大塘村出土

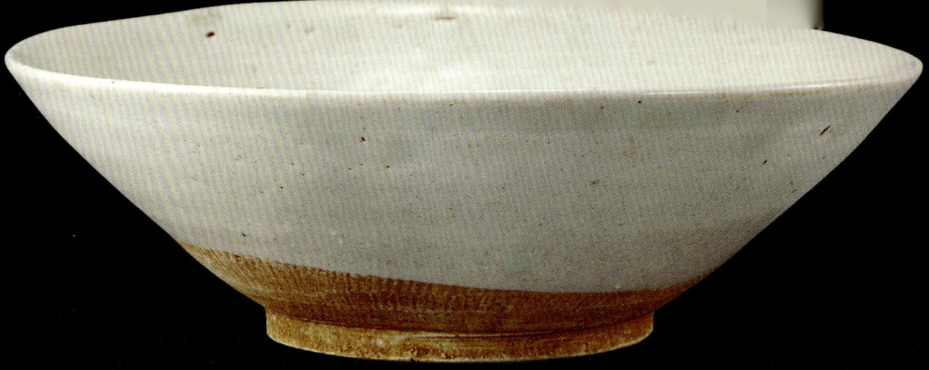

六七 青白釉敞口碗

元
高5.5厘米
口径17.5厘米
底径7厘米
吉水县博物馆征集

六八 青白釉圈足碗

元
高6厘米
口径16.5厘米
底径7.5厘米
吉水县博物馆征集

六九 青白釉乳钉纹三足炉

元
高7厘米
口径9厘米
底径9.4厘米
吉水县出土

七〇 青白釉剔刻月梅纹粉盒

元
高4.2厘米
口径6.9厘米
底径4.6厘米
吉水县出土

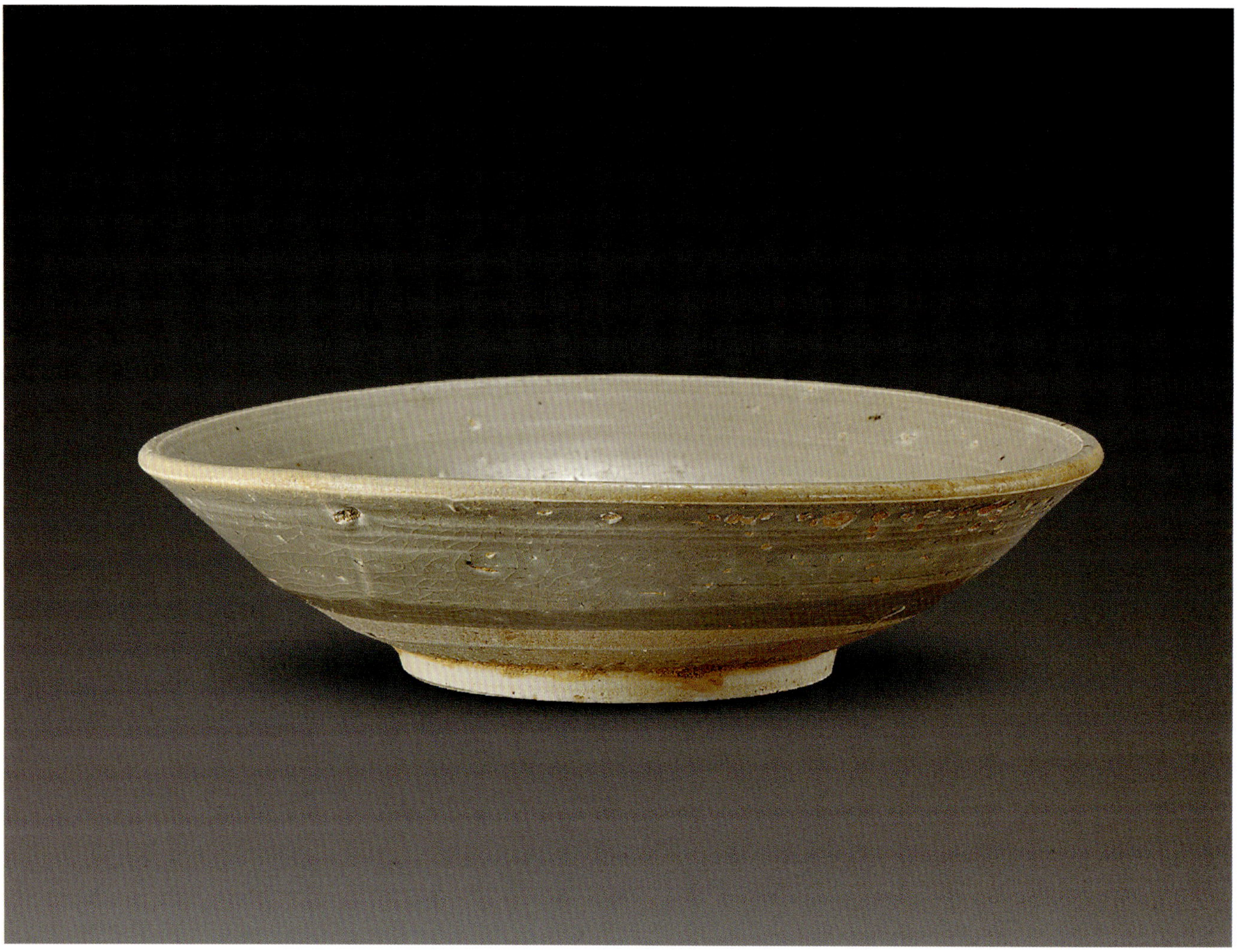

七一 青釉敞口碗

元
高4厘米
口径16.5厘米
底径7.5厘米
吉水县博物馆征集

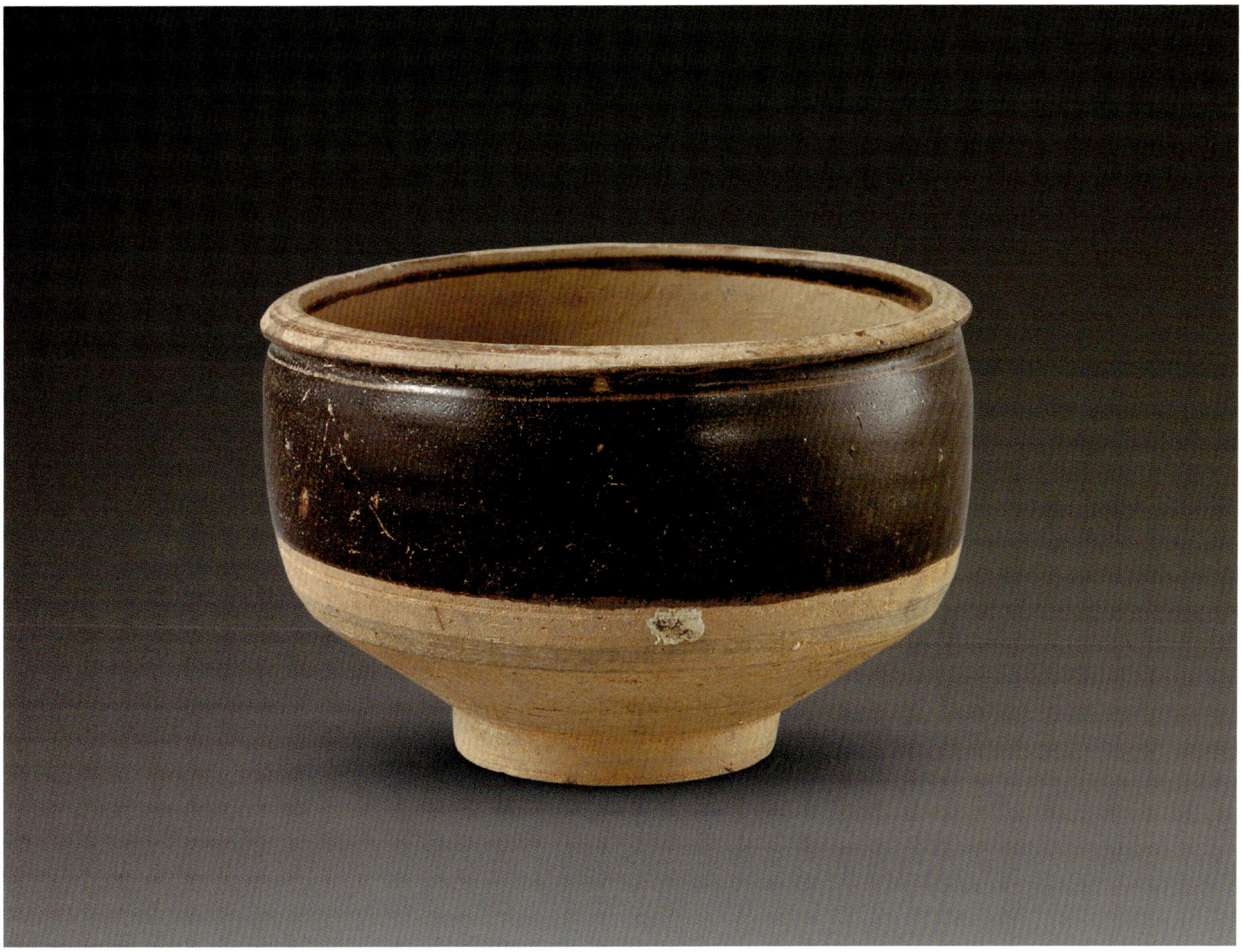

七二 黑釉钵

元
高8.5厘米
口径12厘米
底径5.5厘米
吉水县出土

七三 黑釉敞口碗

元
高4.5厘米
口径14厘米
底径8厘米
吉水县博物馆征集

七四 龙泉窑豆青釉罐

明
高6厘米
口径6.3厘米
底径4.3厘米
吉水县博物馆征集

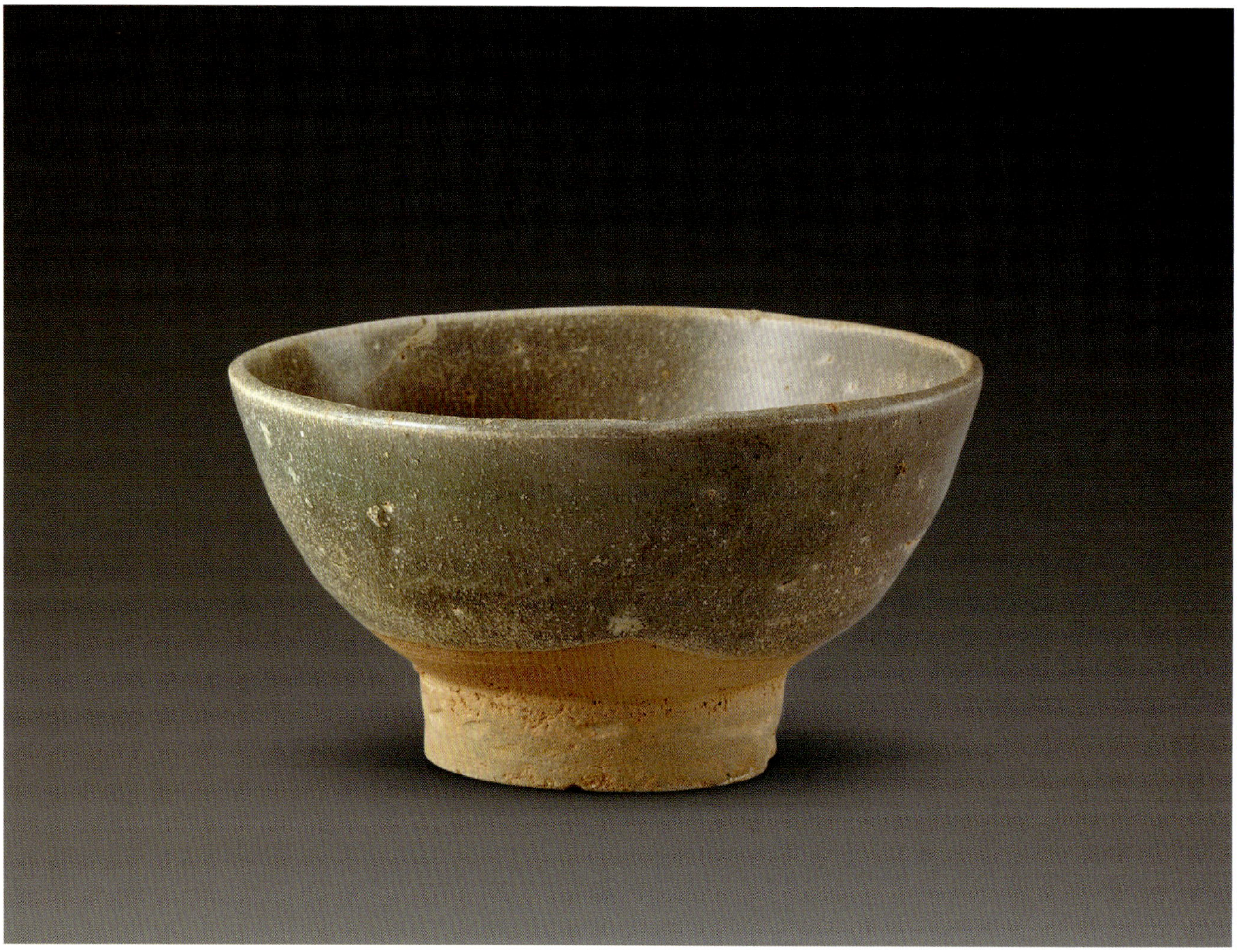

七五 青釉敞口碗

明
高6厘米
口径10厘米
底径4.5厘米
吉水县博物馆征集

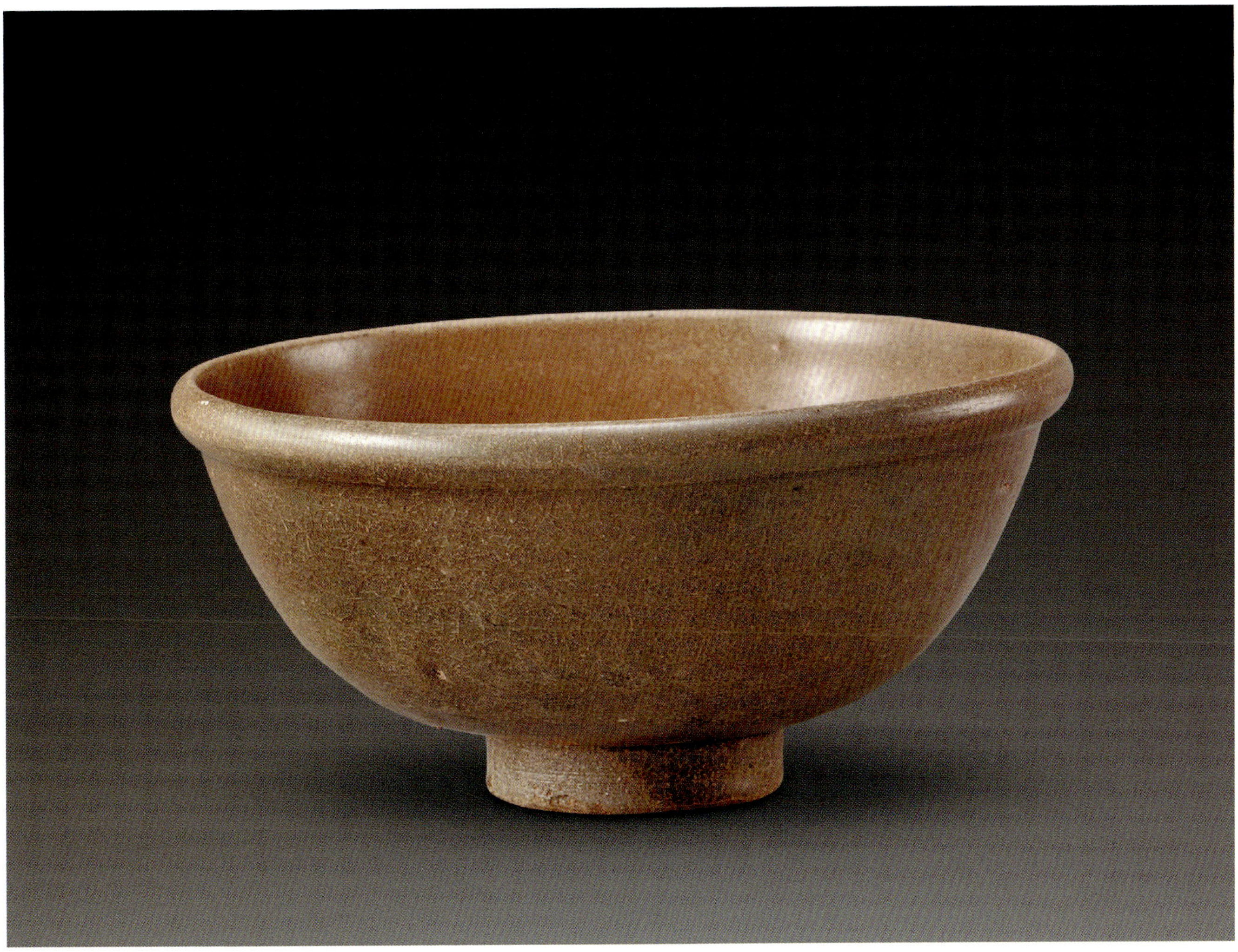

七六 青黄釉唇口碗

明
高7.5厘米
口径15.5厘米
底径5厘米
吉水县博物馆征集

七七 青釉唇口碗

明
高6厘米
口径15厘米
底径6.5厘米
吉水县博物馆征集

七八 青釉唇口碗

明
高5.5厘米
口径15.5厘米
底径5厘米
吉水县博物馆征集

七九 青釉莲瓣纹碗

明
高7厘米
口径15.5厘米
底径6.5厘米
吉水县博物馆征集

八〇 青灰釉唇口碗

明
高6厘米
口径16厘米
底径7厘米
吉水县博物馆征集

八一 青灰釉厚唇碗

明
高5厘米
口径16厘米
底径7.5厘米
吉水县博物馆征集

八二 青釉碗

明
高5厘米
口径15厘米
底径4.5厘米
吉水县博物馆征集

底款

八三 粉彩花鸟纹四方盘

清同治
高4.8厘米
口径14.4厘米
底径10.5厘米
1988年吉水县人民法院移交

底款

八四 粉彩花卉四方盘

清同治
高5.5厘米
口径14.4厘米
底径10.4厘米
1988年吉水县中级人民法院移交

底款

八五 粉彩山石树木纹葵口碗

清同治
高6厘米
口径16.5厘米
底径9厘米
1988年吉水县中级人民法院移交

底款

八六 粉彩蛱蝶花草纹葵口碗

清同治
高6.8厘米
口径16厘米
底径9.4厘米
1988年吉水县中级人民法院移交

八七 粉彩山石花草纹葵口碗

清同治
高6.8厘米
口径16.2厘米
底径9.9厘米
1988年吉水县中级人民法院移交

底款

八八 蓝釉观音瓶

清
高24.7厘米
口径7厘米
底径7.5厘米
1988年吉水县公安局移交

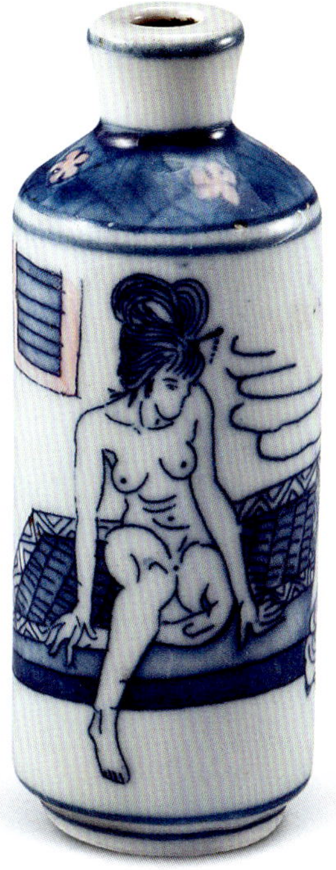

八九 青花釉里红人物鼻烟壶

清
高9.4厘米
口径1.8厘米
底径2.9厘米
1988年吉水县公安局移交

九〇 粉彩扁形鼻烟壶

清
高6厘米
口径1.8厘米
底径1.3厘米
1988年吉水县公安局移交

九一 绿釉浮雕龙凤鼻烟壶

清
高7厘米
口径1.8厘米
底径2.1厘米
1988年吉水县公安局移交

玉石器

九二 石凿

新石器时代
长8.5厘米
1987年醪桥乡固州村出土

九三 伏听俑

宋
长15.3厘米
高3.6厘米
个人捐赠

九四 石狗

宋
长7.7厘米
宽3.1厘米
个人捐赠

九五 夔龙纹带钩

南宋宝祐二年（1254）
长12.4厘米
1982年金滩乡洞源村太平山张宣义墓出土

故富川居士羅子高行狀

本貫吉州吉水縣同水鄉歸宗里　曾祖仕倫不仕　祖處厚不仕　父知成不仕

富川之羅其本系豫章西山出也　國初有自西山來學於廬陵者樂富川之山水秀邃家焉故居士以富
川自號云居士諱棠字子高年十四而孤從其祖德輿薄游長沙德輿少以易學名家晚喜陰陽家者流相
宅卜葬妙極象外子高從之盡得其學德輿客死子高行冰雪之中輿之以歸夜則同寐同衾既至其家家
人皆賀曰阿翁得之負戴下車而後大驚哭失聲蓋德輿瞑之九日而後蓋棺也德輿諱處厚是時子高年
十五於是一日□□存者達吾州矣至今鄉里長老每談子高此事聞者猶泣下歎息子高母劉其族父彬
溪先生尚書□□□子有外家之法既寡居子高与弟子茂皆未冠三女皆幼子高奉其母與弟妹崎嶇兵
亂劉擒強宗□□□問田官蕩然盡矣子高勞耳鍱吭夜行晝伏訴之官二十年而後復其生業於是以富
甲一鄉紹興之□□朝廷經界法既行有同縣異鄉回不壽鄉者欲嫁其田祖之重者於同水子高倡衆手
之於官得直一鄉免加賦者子高之力也子高之鄉有陂曰杭者其源出宜春行三百里陂廣一千尺深居
其二十之一醵爲八十四渠溉田二千頃陂廢二十年至是吉水丞龔尹謂陂當復然後與覺不肯行鄉來
觀慨然而返子高謁之塗曰棠請辦此乃傾橐捐帑貲皆已出誅山窮阜爲木爲土犯星餉熟傭功不日於
是戶以之流者止田水之正者流矣五年子高卜築泉口之山因其故居撤而新之一日發作巡功倚一藤
杖立而逝得年七十有四配劉氏亦尚書公族子也生二子長曰合次曰謐令補官承信郎　德壽宮主管
進奉劉夫人及長子皆先子高卒女四人長適李栖遠次適郭彌年次適李叔豹季女未嫁而卒子高居富
川時方兵亂嘗有一惡少欲殺二甿遂之急突入子高室子高匿二甿而身當惡少於戶以無人告惡少乃
去竟活二甿其好義如此其孤謐將以七年八月庚申葬子高於中鵠鄉長春洞口之原來請万里狀子高
之行將以乞銘於當世之老於文者万里於子高世姻於書爲宜謹狀

乾道七年六月　表姪左奉議郎新太常博士楊万里狀

歐陽廣刊

九六 宋故富川居士罗子高行状

宋乾道七年（1171）
高117厘米
宽57厘米
征集

宋故羅子高墓銘
左從政郎新差充興國軍軍學教授李岱譔
左宣教郎新知袁州分宜縣事主管學事勸農公事謝諤書
左承議郎新權通判常德軍府事主管學事賜緋魚袋郭份篆
富川羅氏占數吉州之吉水而系別豫章之西山距今蓋二百有餘年子高
曾祖曰仕倫寔生處厚處厚生知成處厚知成皆以儒學發身遁跡弗燿子
高諱崇早孤頎然有立年十五從其祖游湖外祖客死長沙子高輿櫬奉之
如生窮冬跣行瘃軀毀百舍不旬浹至家而後發喪識者皆奇其權智而稱
其孝母劉氏族父杉溪先生尚書公也閫訓得門法方嫠居時子高與弟子
茂皆未冠三女尚幼丁時兵亂剽殺相仍田廬湮廢子高理訴有司間關二
十年盡復舊業奉母拊第擇所宜歸以婿諸妹自富川徙泉口力本積居疇
業滋裕已而析家貲之半與其弟迄以富甲一鄉子高頗以節槩自喜理所
宜為夷險一志而鼓急人之急所居鄉曰同水紹興間經界法行有欲以鄰
鄉之稅以益於同水者子高倡衆爭之官迄從士斷鄉有杭陂溉田二千頃
廢三十年因涸賦逋官民俱病邑丞行視議興復子高謁丞請自任其役屛
費冗徒躬董力作畚築捷密既堅既壯到今賴之居富川時有惡少追二甿
將殺之投匿其室子高屛而拒惡少甿獲免死莫知其為誰後數年出郊
有迎拜馬首乃所活甿也子高善談論商榷世事矗然可聽酒酣擊節嘯謌
雜以詼笑刺譏風味傾一座而與物無忤乾道己丑子高年七十有四康彊
如平時旦興方督工新廬舍手藜杖立而逝實八月二十五日也配劉氏亦
尚書公族子生二子長曰合次曰謚合與劉夫人先卒謚今補官承信郎
德壽宮主管進奏女四人婿曰李栖遠郭彌年李炳豹季女未嫁季子高喜
地理書考景植蟄治靈竅屋閒與人魁休祥多奇中自卜兆域於縣中鵠鄉
長春洞口之原謚奉治命七年八月庚申即窆焉以左奉議郎太常博士楊
万里庭秀之善狀來請銘岱舊與子高游從庭秀於子高有三世甥舅之契
而岱姻且友也文典而傳著是宜為銘銘曰
才充其爲　智周其識　倈焉而不忮　富焉而不刻
外振厲而中曠適　詒後循典　是為子高之得耶
歐陽廣刊

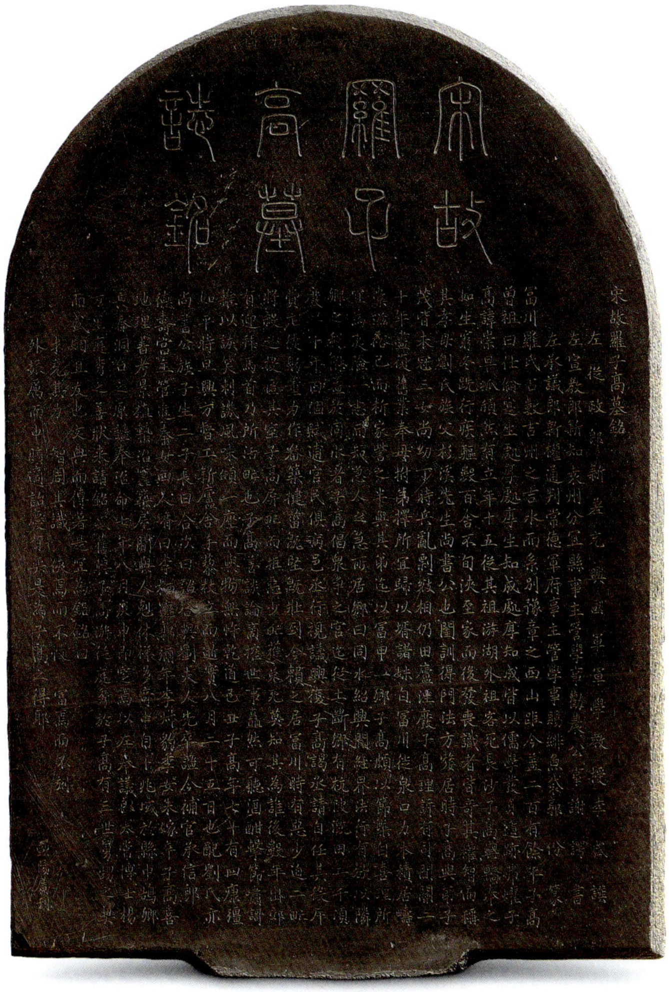

九七 宋故罗子高墓志铭

宋乾道七年（1171）
高108厘米
宽76厘米
征集

吉水爲縣二百年丞之所居在縣之西南自炎火三年承火之後始託
宿於民舍郊野之外江流之頫地埶墊隘廬井陵雜其細已甚矣而塗
水傾注兩溪逼笮不能以容稍甚則濱溢衝冒殆非可以狎而玩者然
且因循而居之十有八年至紹興十六年八月而桐廬喻仲遠居中來
丞茲邑始有意遷諸爽塏得卜於縣之東南取材於官之隙宇不以
欲速勤民力不敢以苟簡詒後患故經始於其年十二月至十八年四
月然後寢室廳事廊廡門牆畢備一縣之事丞無所不當問者也往往
避嫌守例謾不顧省以崔斯立之賢未免出此則舍於隸人未見其爲
不可也然而時異事異今雖欲爲崔斯立而有不得矣自熙寧以來更
新百度講尋遺利整抹宿弊事之在縣者例皆屬之於丞曰常平曰坑
冶曰均稅曰經制之財曰總制之財凡此數者是朝廷所當選建使
者也而丞實專之其體爲甚重非一使者之所能辦至於分局以治而
丞實兼之其事爲甚繁丞之所居於是爲官府矣簿書之所度藏貲泉
之所貯儲士民之所觀赴曹胥之所稟集以待事一不備焉得無廢
事哉此爲居中者所不得而已也不系夫名實之所在而猶假古人之
緒言讚行以自恕則其居於斯也能無媿於屋漏哉十九年五月庚子
左承議郎添差通判吉州軍州主管學事兼管內勸農營田事汪應辰
記左迪功郎吉州左司理參軍汪洧書

玉山先生此記爲桐廬喻公作也學奧文雄世之敬慕而字畫古篆往往未能一覽盡通讀者病焉嘉定丁丑
歲新安黃公闓定翁嗣守其官越兩年始一新公宇後重建門廡致請記之因識其許迺俾度辨證書而刻之
謂自此有疑営一見決矣不猶愈於它記乎公三歲于茲廉以褆身正以格物惠以養民邑人歌之蓋其尊學
丞顯國公正學有源儒林推重久班朝著兩守名藩蔚爲周行之彥而公之伯仲後先相繼以文學行誼自名其
家往所學以施于政發固如斯然公之族絓世爲新安之望而自寺丞公徙寓桐廬視喻公爲鄉評而又豫草
者也孰知後七十有一年吾亦丞吾邑爰記喻公之迹推廣其意事之興遺得非有數存乎其間黃公能勤
勞增創爲且益顯前人之美而不自居其意尤不可及賢言哉不言可嘉定十三年庚辰五月望日東海徐度書

九八 吉水县丞厅记

南宋淳祐壬寅年（1243）
高91厘米
宽58厘米
吉水县城出土

烏子曰按鬼律云葬不斬草買地立券謂之盜葬迺作券文曰維
皇宋寶祐二年歲在甲寅十二月己巳朔越十二日庚辰孤哀子張叔子伏爲
先考堇四宣義生於紹熙庚戌九月廿有八日終於嘉熙丁酉十一月二十七日以庚子歲
閏月朔葬于廬陵縣膏澤鄉汪塘原今卜此吉日動土斬草以是月十七日乙酉改葬而安
厝之龜筮協從州曰吉州縣曰吉水鄉曰中鵠原曰洞源太平山卯壬亥山巳丙向爲之宅
兆謹以貨極九九之數幣帛依五方之色就于后土陰官鬻地一區東止青龍西抵
白虎南極朱雀北距玄武內方勾陳分治五土彼疆爾界有截其所神禹所度豎亥所步丘
丞墓伯禁切呵護毆彼罔象投畀兕虎弗迷獸異莫予敢侮千齡億年永無災苦敢有干犯
神弗置汝幽堂每長收付地下主者按罪弗赦云歲迺命翰林主人子墨客卿爲作券文言
地元執永鎮幽宅 天光下臨地德上載藏辰合朔神迎鬼避塗車芻靈是爲器使蛟龍
與鵲草張從殉妥亡佑存罔有不祥子子孫孫俾熾俾昌山靈地神實聞此言謂予不信有
如皦日 知急急如 太上女青詔書律令 敕
敕
鎮安幽宅亡靈永吉子孫昌熾邪精伏藏蛇鼠遁迹急急如 律令 敕
五方地券神咒
六丁左侍六甲右傍青龍拱衛白虎趨鏘朱雀正視玄武當堂川原
五方五嶽不得飛揚今奉 太上玉女神秘券咒急急如 律令

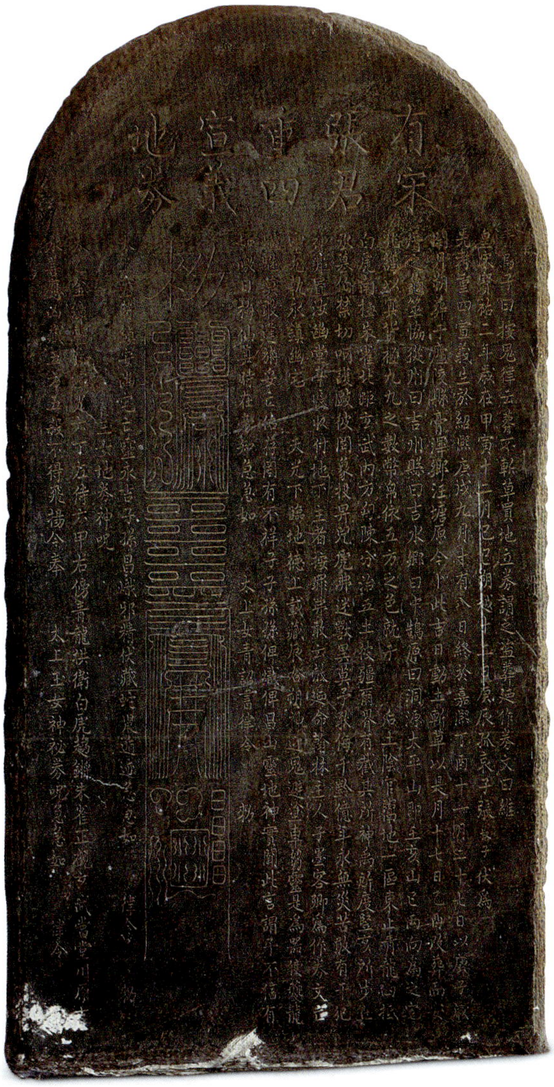

九九 有宋张君重四宣义地券

南宋宝祐二年（1254）
高68厘米
宽35厘米
1982年金滩乡洞源村太平山张宣义墓出土

一〇〇 宋故张公念七承事地券

宋
长 56 厘米
宽 28 厘米
厚 8 厘米
吉水县葛山出土

一〇一 麒麟寿字玉带板

明
圆桃直径 5.6 厘米
小长方形辅弼边长 6.8 厘米
弧首长方形鱼尾长 10.1 厘米
宽 5.8 厘米

一〇二 翰林侍读学士徐君舜和墓志铭

明正德丁丑年（1517）
长 70 厘米
宽 70 厘米
厚 10 厘米
吉水县砖门胡家边出土

一〇三 明故恭人亡妻罗氏行状

明嘉靖三十四年（1556）
长 70 厘米
宽 70 厘米
厚 10 厘米
吉水县醪桥上塔下村出土

明故鄒公少濂先生行狀

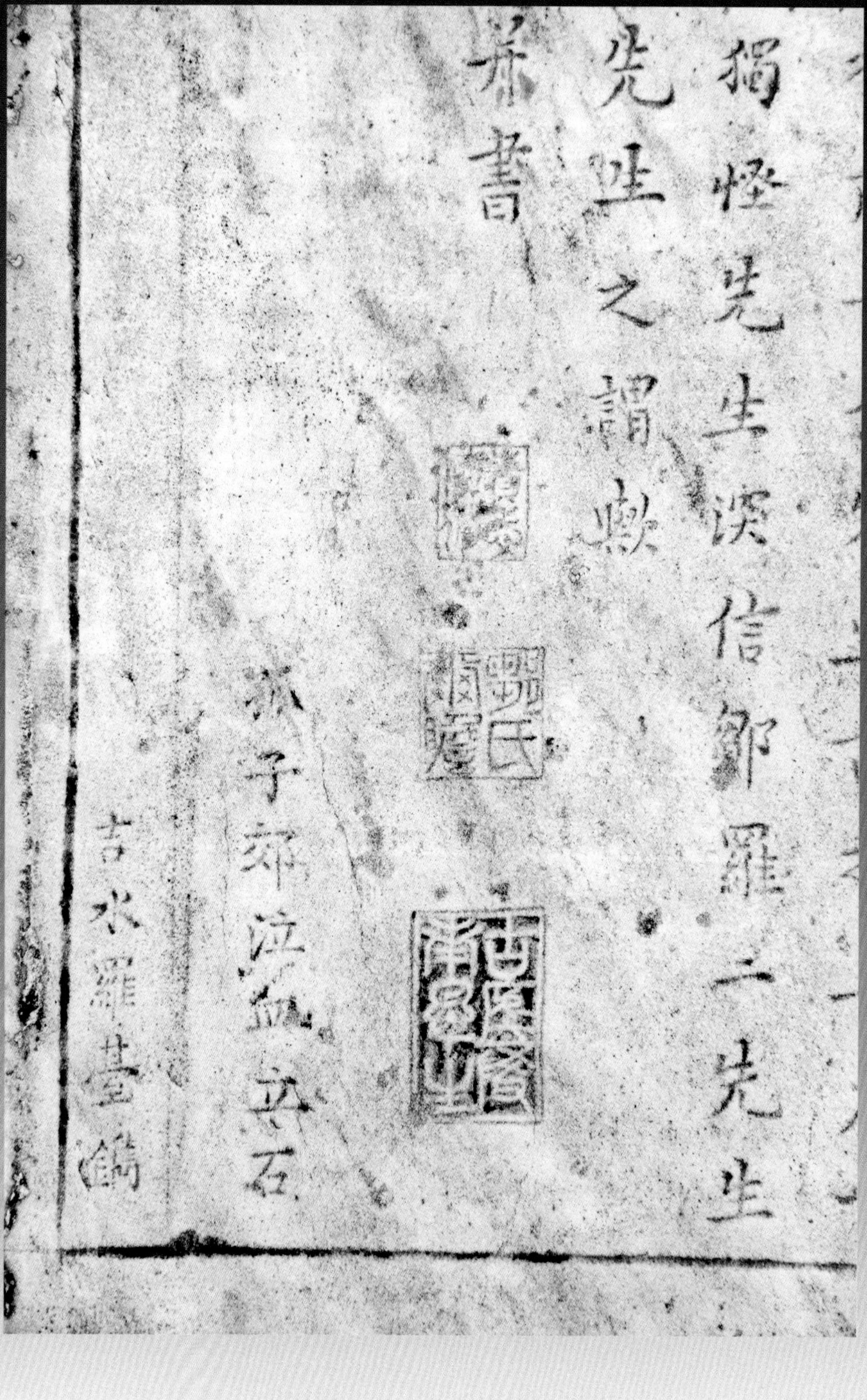

獨怪先生生溪信鄒羅二先生
先生之謂歟
并書

孫子鄒泣血立石

吉水羅基鏞

一〇四 明故肖少潭先生行状

明万历庚辰（1580）
长 148 厘米
宽 92 厘米
厚 15 厘米
吉水县金滩白沙窑里村出土

一〇五 玉雕童子

清
高 5.5 厘米
吉水县公安局移交

一〇六 玉雕兔子摆件

清
长 4 厘米
吉水县公安局移交

一〇七 玉雕虎摆件

清
长4厘米
吉水县公安局移交

一〇八　玉雕八仙小挂件

清
高 3.4
宽 1.7 厘米
吉水县公安局移交

一〇九 长方形白玉砚

清
长 18 厘米
宽 11.2 厘米
吉水县公安局移交

一一〇 麒麟纹砚台

清
长 24 厘米
宽 18.5 厘米
吉水县公安局移交

一一一 蝙蝠纹砚

清
长 21 厘米
宽 12.5 厘米
吉水县公安局移交

一一二 龙纹砚

清
长 24.6 厘米
宽 18.6 厘米
吉水县博物馆征集

一一三 圣旨碑刻

明
长 77 厘米
宽 47 厘米

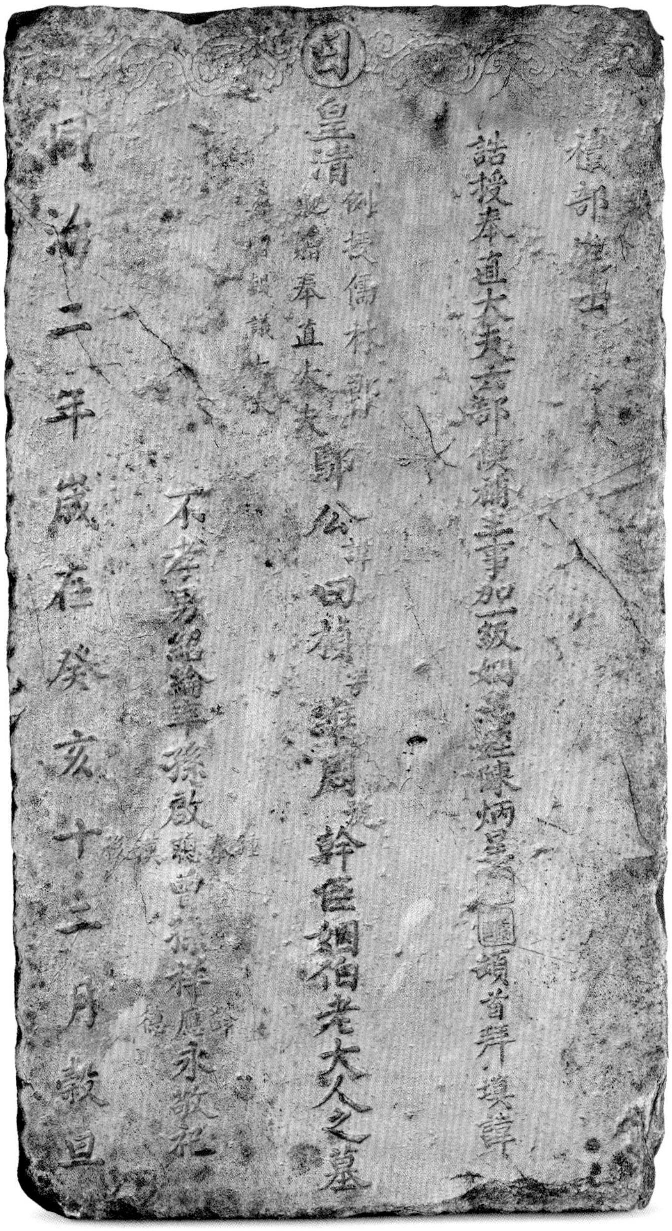

一一四 汉白玉墓志铭

清同治二年（1863）
长 100 厘米
宽 55 厘米

铜器

一一五 青铜灯盏

三国东吴
通高 33 厘米
盘口径 11 厘米
底径 15.2 厘米
1993 年吉水城郊二号墓出土

一一六 青铜兽

三国东吴
通高 13.8 厘米
长 14.5 厘米
宽 7 厘米
1993 年吉水二号墓出土

一一七 青铜雄朱雀

三国东吴
通高 18 厘米
长 19 厘米
宽 7 厘米
1993 年吉水城郊二号墓出土

一一八 青铜雌朱雀

三国东吴
通高 13 厘米
长 17 厘米
宽 8.5 厘米
1993 年吉水城郊二号墓出土

一一九 青铜铺首衔环腰沿釜

三国东吴
高 14.5 厘米
口径 12 厘米
腰径 29 厘米
底径 12 厘米
1993 年吉水城郊二号墓出土

一二〇 青铜龙首柄鐎斗

南朝
通高 8 厘米
口径 16 厘米
底径 10.5 厘米
吉水县公安局移交

一二一　海兽葡萄镜

唐
直径 10 厘米
吉水县公安局移交

一二二 青铜活环蒜头瓶

宋
高 26 厘米
口径 4.5 厘米
底径 8.8 厘米
吉水县人民法院移交

一二三 凸弦纹三足铜盘

南宋宝祐二年（1254）
通高 3.6 厘米
直径 18 厘米
1982 年金滩乡洞源村太平山张宣义墓出土

一二四 鸭形铜香薰

南宋宝祐二年（1254）
通高 19 厘米
长 16 厘米
宽 8 厘米
1982 年金滩乡洞源村太平山张宣义墓出土

一二五 乳钉纹双耳鬲式青铜炉

宋
高 10.5 厘米
口径 10.5 厘米
吉水县检察院移交

一二六 四方铜镜

宋
边长 13.5 厘米
吉水县公安局移交

一二七 湖州葵口铜镜

宋
直径 12.5 厘米
吉水县公安局移交

一二八　三鬲式铜炉

清嘉庆乙丑年（1805）
通高 8.5 厘米
口径 10.4 厘米
吉水县博物馆旧藏

一二九 三足鼎式铜炉

清
通高 15 厘米
口径 20.6 厘米
吉水县公安局移交

一三〇 小平底铜钵

清
高 7.8 厘米
口径 13 厘米
吉水县公安局移交

一三一 鎏金铜佛像

清
高 20.8 厘米
宽 15.2 厘米
吉水县公安局移交

一三二 铜马

清
通高 21 厘米
长 21 厘米
宽 7 厘米
吉水县文化馆移交

银器

一三三 方座锡灯

清
通高 35 厘米
底座宽 8.8 厘米
吉水县公安局移交

一三四 银锭

清
长 3 厘米
宽 1.5 厘米
吉水县公安局移交

一三五 慰劳红军一等奖银质奖章

大革命时期
长 16.2 厘米
宽 8 厘米
个人捐赠

骨牙角器

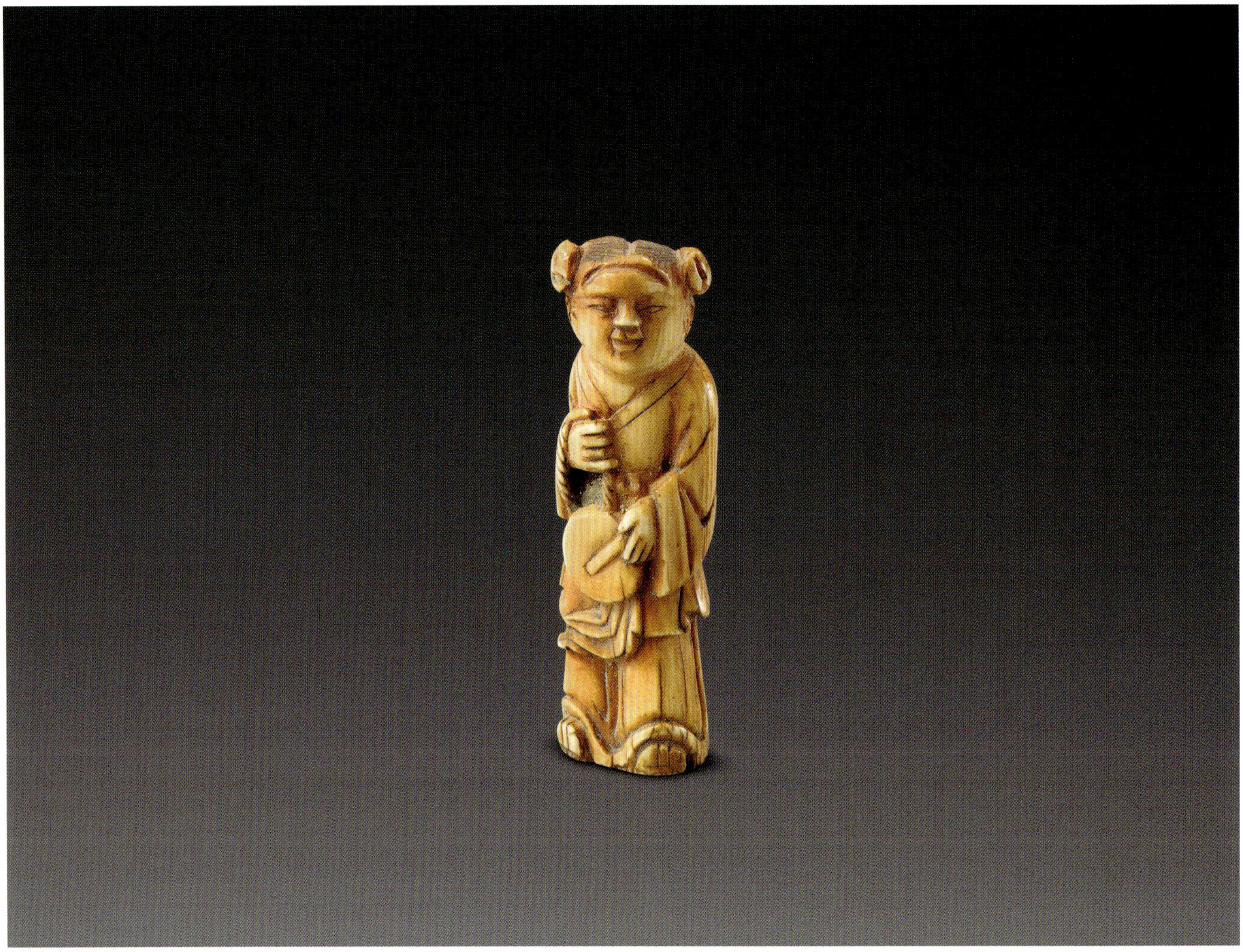

一三六 象牙敲锣童子

清
高 5.5 厘米
宽 1.6 厘米
吉水县公安局移交

一二七 犀牛角带盖小罐

清
高 13.5 厘米
口径 12 厘米
底径 11.3 厘米
吉水县博物馆征集

清江蕭景漢證果

一三八 象牙朝笏

清
166 长 47.5 厘米、宽 6.5 厘米
167 长 47 厘米、宽 5.9 厘米
168 长 42 厘米、宽 5.1 厘米
吉水县博物馆征集

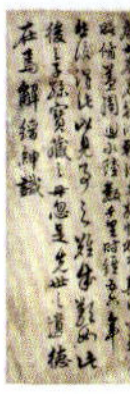

书法绘画

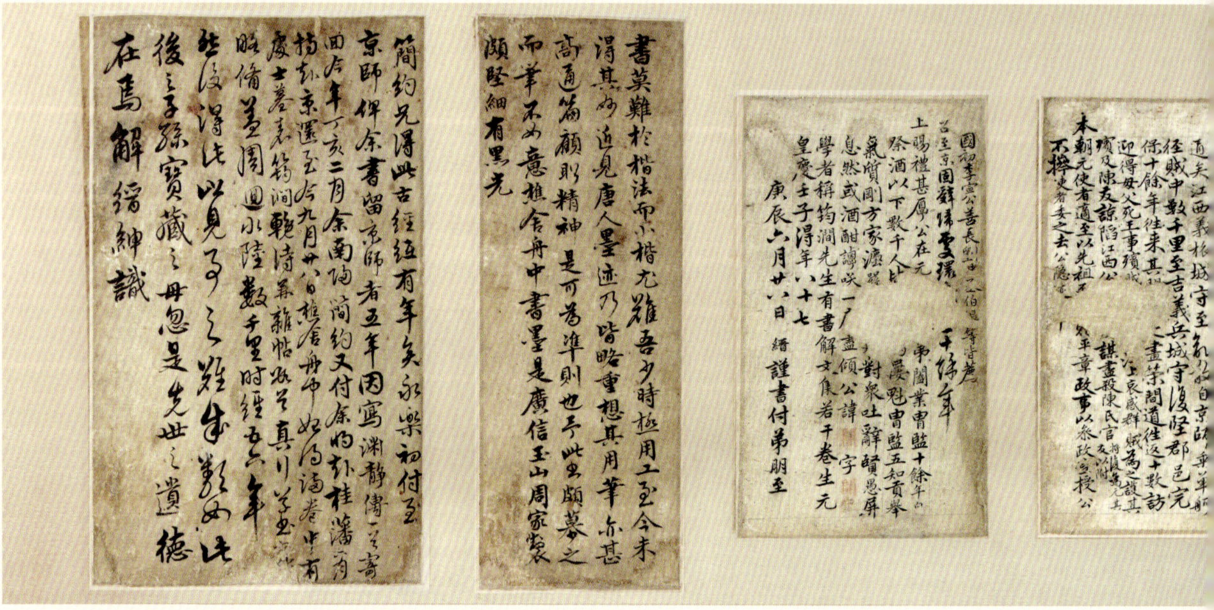

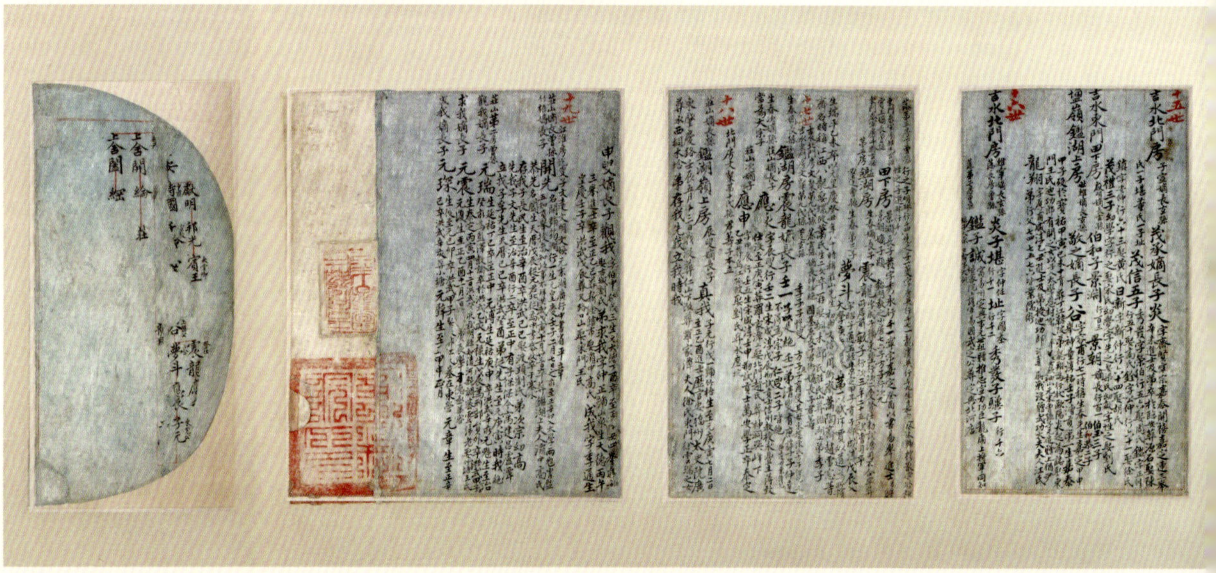

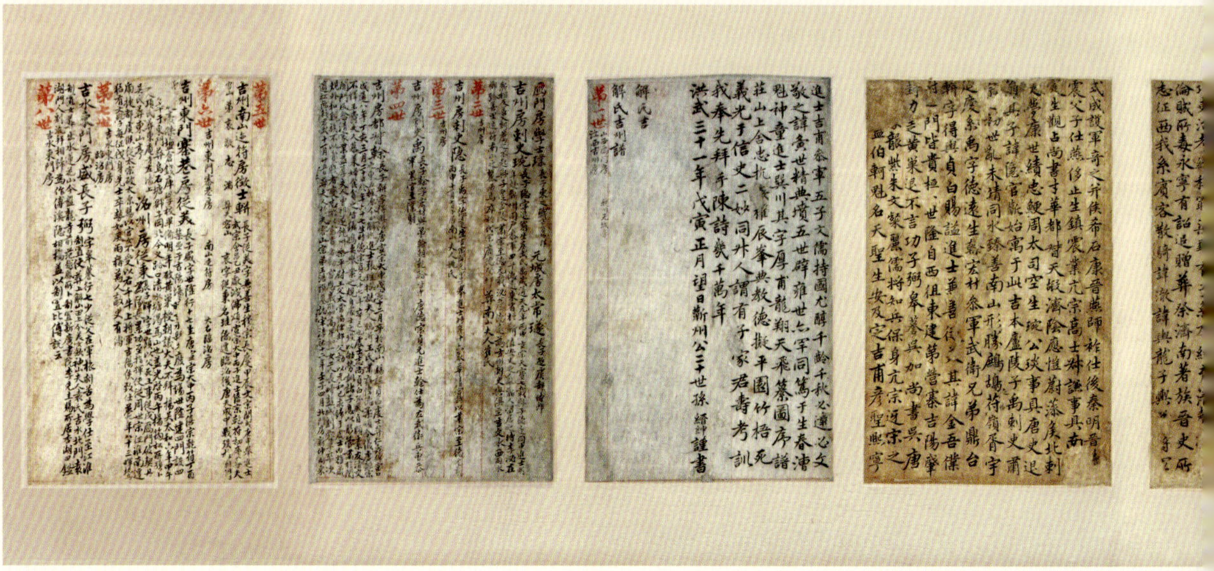

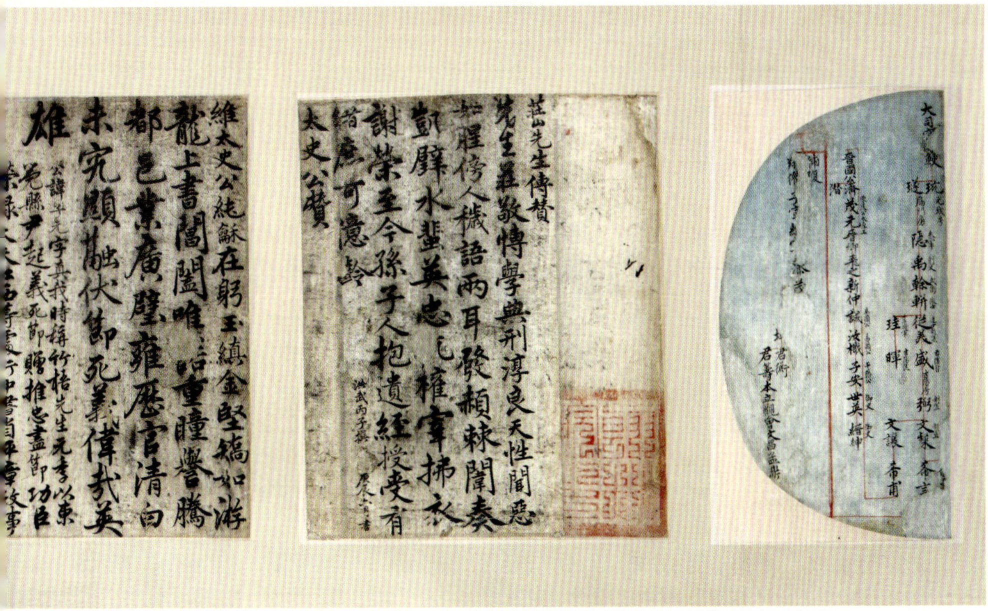

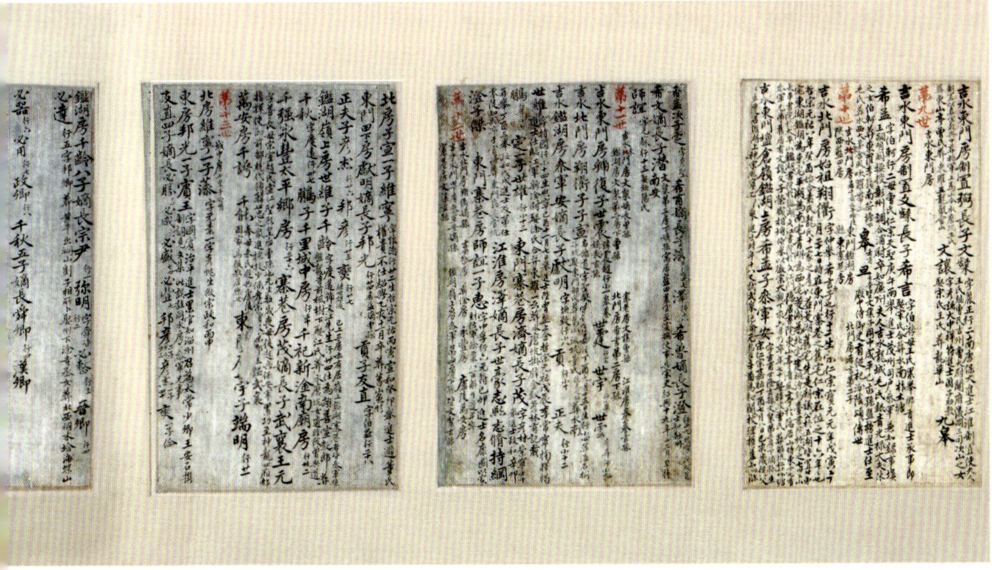

一三九 解缙墨卷

明
长 600 厘米
宽 33 厘米
吉水县博物馆征集

簡約兄得此古經延有年矣永樂初付至
京師俾余書留京師者五年因寫淵靜傳一謁寄
回今年丁亥二月余南歸簡約又付余偕杜桂藩有
携赴京還至杭九月廿八日推倉舟中如為海卷中有
慶士墨喜錦涧鞭詩筆難帖收之真川学畫此
睇循芸園週水陸數千里時經延六年
然後得此以見子之難也影如此
後之子孫寶藏之毋忽是先世之遺德
在焉 解縉紳識

解縉墨卷（局部）

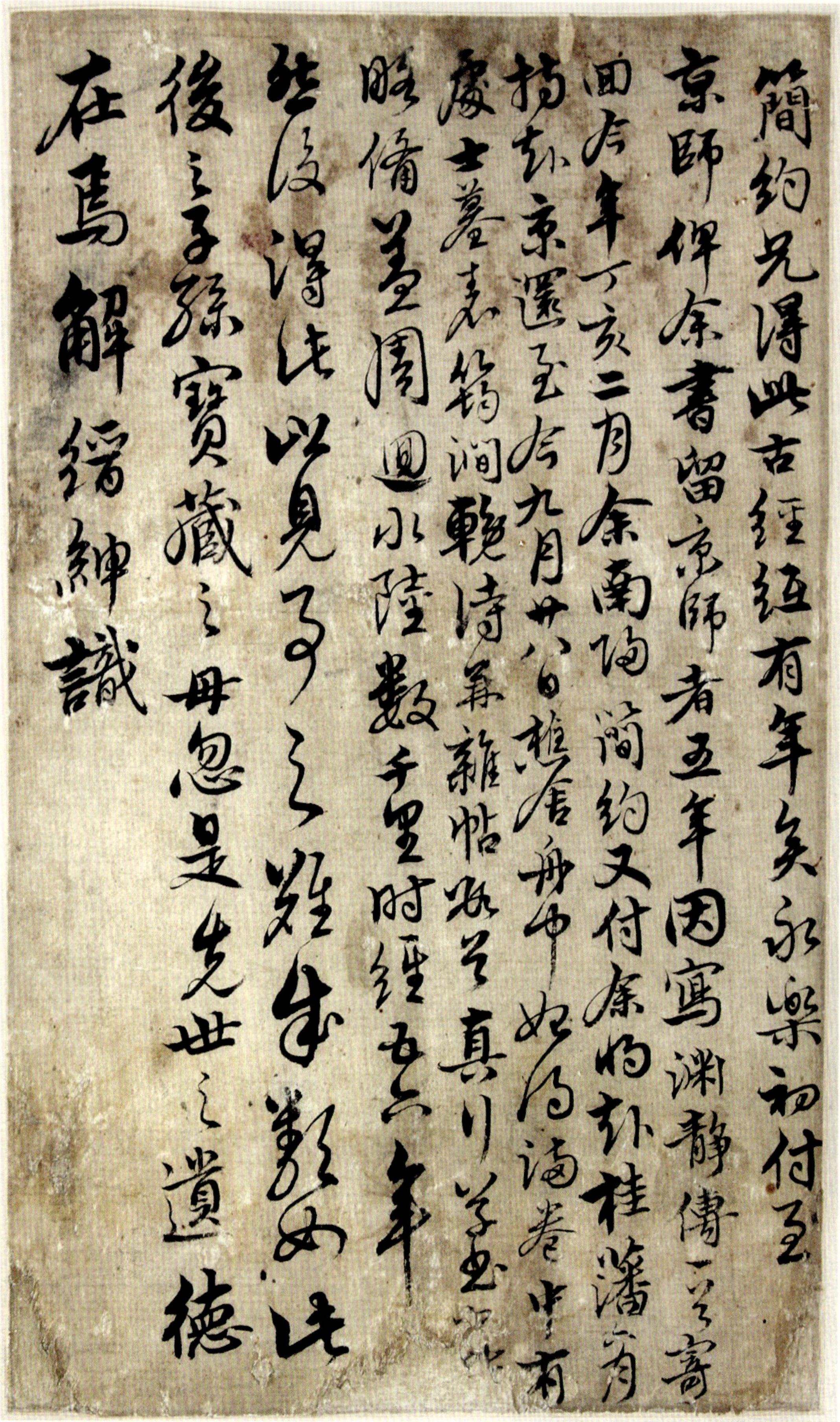

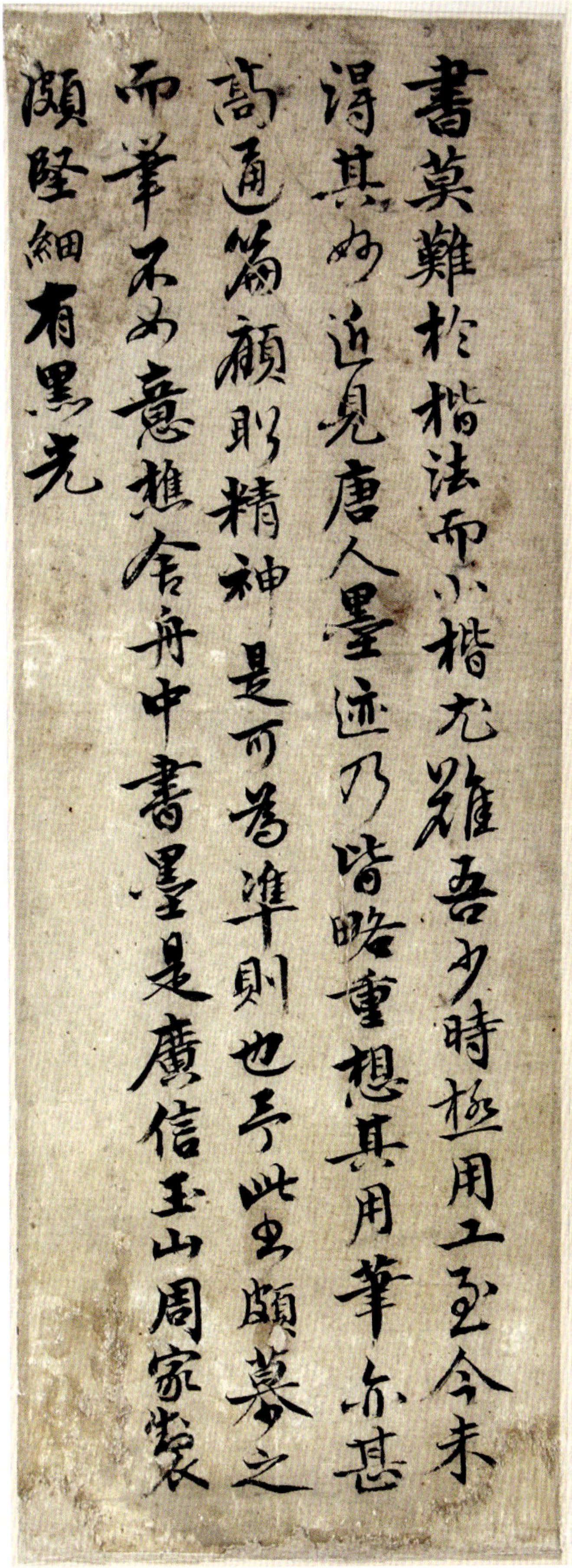
書莫難於楷法而小楷尤難吾少時極用工至今未
得其妙近見唐人墨迹乃皆略重想其用筆亦甚
高通篇頗形精神是可爲準則也予此生頗慕之
而筆不如意樵舍舟中書墨是廣信玉山周家製
頗堅細有墨光

解缙墨卷（局部）

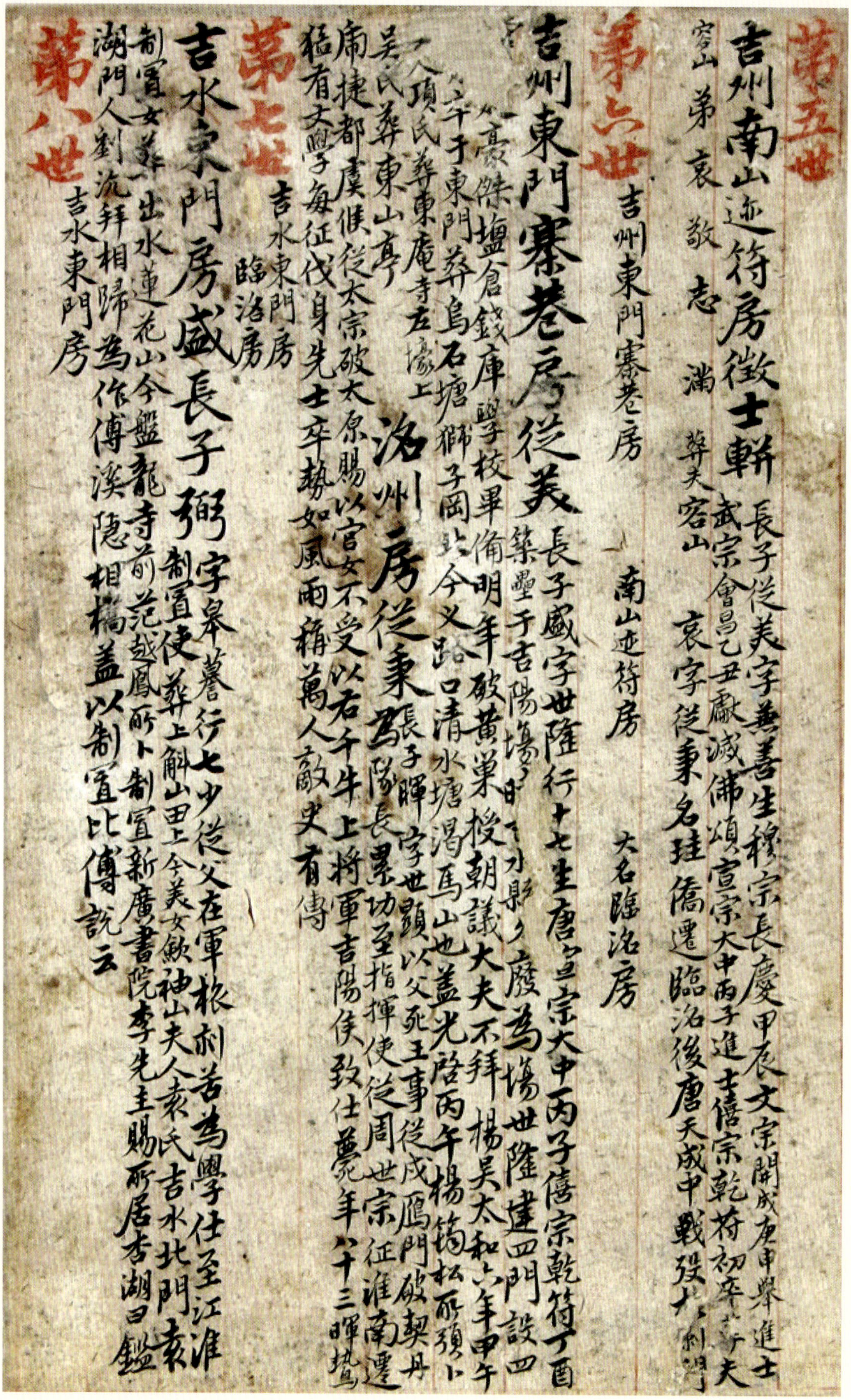
第五世
吉州南山迹符房徽士軒 長子從美字善生穆宗長慶甲辰文宗開成庚申舉進士
容山 弟 袁 敬 志 湍 葬夫容山
武宗會昌乙丑廢滅佛頌宣宗大中丙子進士僖宗乾符初卒葬夫
袁字從秉名珪僑遷臨洺後唐天成中戰歿大剎岡
第六世
吉州東門寨巷房
南山迹符房
大名臨洺房
吉州東門寨巷房從美 長子盛字世隆行十七生唐宣宗大中丙子僖宗乾符丁酉
築壘于吉陽塲日水影夕廢為塲世隆建四門設四
豪傑墉倉錢庫學校畢備明年破黃巢授朝議大夫不拜楊吳太和六年甲午
六十于東門葬烏石塘獅子岡北今义路口清水塘渴馬山也蓋光啟丙午楊鎬松所殞卜
一入項氏葬東庵寺左塝上
吳氏葬東山亭
洺州房從秉 長子暉字世顯以父死王事從戍鴈門破契丹
為隊長累功至指揮使從周世宗征淮南遷
甬捷都虞候從太宗破太原賜以官女不受以右千牛上將軍吉陽侯致仕薨年八十三暉塏
猛有大學每征伐身先士卒勢如風雨稱萬人敵史有傳
吉水東門房
臨洺房
第七世
吉水東門房盛長子𤠣字皋謩行七少從父在軍根刻苦為學仕至江淮
制置使葬上斛山田上今美女飲袖山夫人袁氏吉水北門袁
制置女葬出水蓮花山今盤龍寺前范越鳳所卜制置新廣書院李先主賜所居杏湖曰鑑
湖門人劉沆拜相歸為作傳溪隱相橋蓋以制置比傳說云
第八世
吉水東門房

解缙墨卷（局部）

鴈門房學士璞 長子東之 職方員外郎 元城房太常璲 長子邈 虞部侍郎
吉州房刺史琬 長子隱字退翁生唐武氏萬歲通天元年丙申玄宗天寶七載與子德遠同中進士明
年赴蘄州司戶參軍甲午德遠來省於蘄值安史之亂蘄人留居之時李泌在
蘄相友善入朝薦之不起與子遷金陵肅宗至德元載泌薦德遠為吉州刺史與俱至吉文水西同水
鄉孫善里遠符南山之麓居焉卒於代宗廣德癸卯葬南山夫人崔氏
第二世 吉州房
吉州房刺史隱 長子禹字德遠生玄宗開元甲子舉進士時年十八獻華清宮詩以肅宗至德元載
丙申十月七日卜居南山夫人姚氏
第三世 吉州房
吉州房刺史禹 長子幹字宏材與弟翰朝乾翰皆中唐德宗貞元進士幹仕為左武衛兵曹參
軍累官至僕射
第四世
吉州房都督幹 長子軿字得輿以唐宣宗大中戊寅十二月卒於南山賜謚貞白處士葬仁壽鄉富口
之東五楓原今曰解坑進士張瑫撰誌夫人臨沂王氏肅雍偉德柔順令儀唐懿宗
咸通八年丁亥三月二十日終年七十七生時德宗貞元十七年辛巳也處士志尚貞白孤風自顯素友清交
不懌王爵夫人慕萊婦食貧之旨躡鴻妻舉案之規自處士之殁以劬勞訓諸子息以彤管肅於閨
閫門風愈清家業益厚夫人曾祖遂饒州樂平尉王父太常協律郎父劾以元和己亥歸于處士內雅箴
規外和親族不以貧賤者變志不以富貴者動容恩義所加高卑如一女二人長歸彭城劉容早卒次
適松陽賴君武十一月廿五日葬夫人於夫君山宗弟王浩撰墓誌宋淳祐十二年壬子四月北門房新仲同東

解缙墨卷（局部）

山川鍾秀產此
偉人胸盈珠璣
腕底有神珥筆
螭蚴奏牘頻陳
稜稜風骨肝膽
比鱗動遭讒毀
引退逡巡雲中
鸛麟
謹展掛辦香
用申後賢永守
什襲藏珍
乾隆三十二
年歲次丁亥
孟夏長洲後
學韓彥曾拜
手敬題

一四〇 解缙画像

清乾隆三十三年（1768）
长 205 厘米
宽 85 厘米
吉水县博物馆征集

文献文书

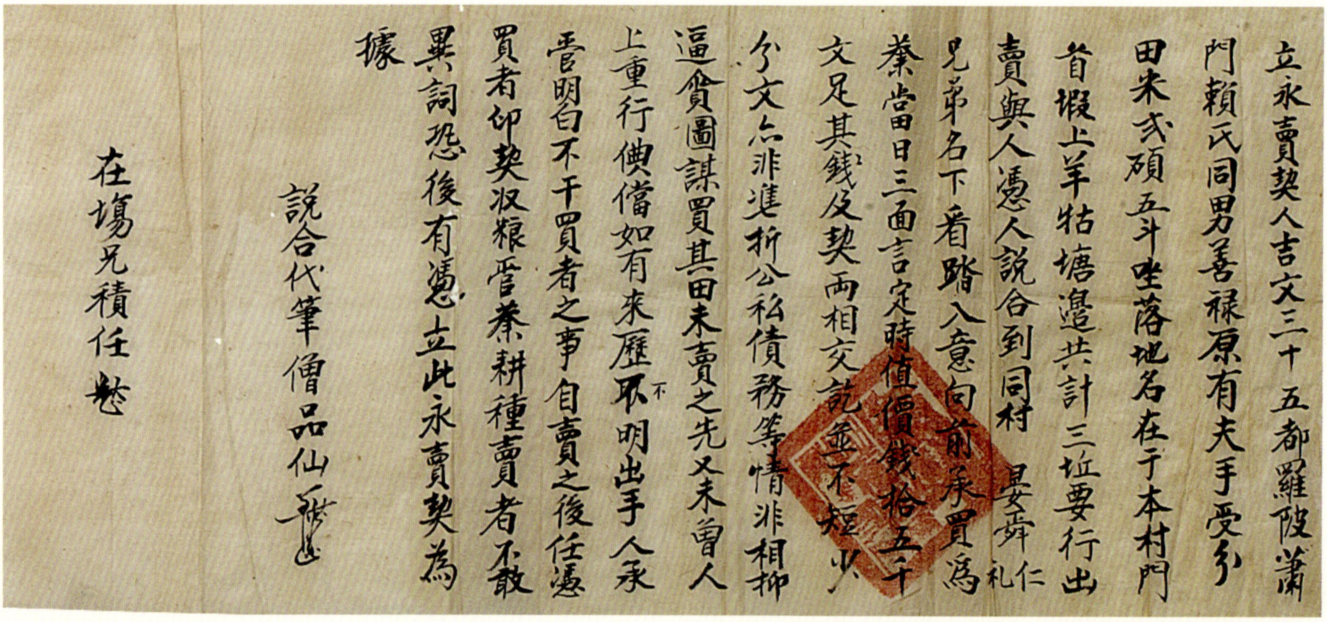
立永賣契人吉文三十五都羅陂蕭
門賴氏同男善禄原有夫手受分
田米弍碩五斗坐落地名在于本村門
首㙦上羊牯塘邊共計三坵要行出
賣與人憑人說合到同村 晏舜仁礼
兄弟名下看踏入意向前承買為
業當日三面言定時值價錢拾五千
文足其錢及契兩相交訖並不短少
分文亦非準折公私債務等情非相抑
逼貪圖謀買其田未賣之先又未曾人
上重行典當如有來歷不明出手人承
晉明白不干買者之事自賣之後任憑
買者印契収粮晉業耕種賣者不敢
異詞恐後有憑立此永賣契為
據

說合代筆僧品仙

在場兄積任

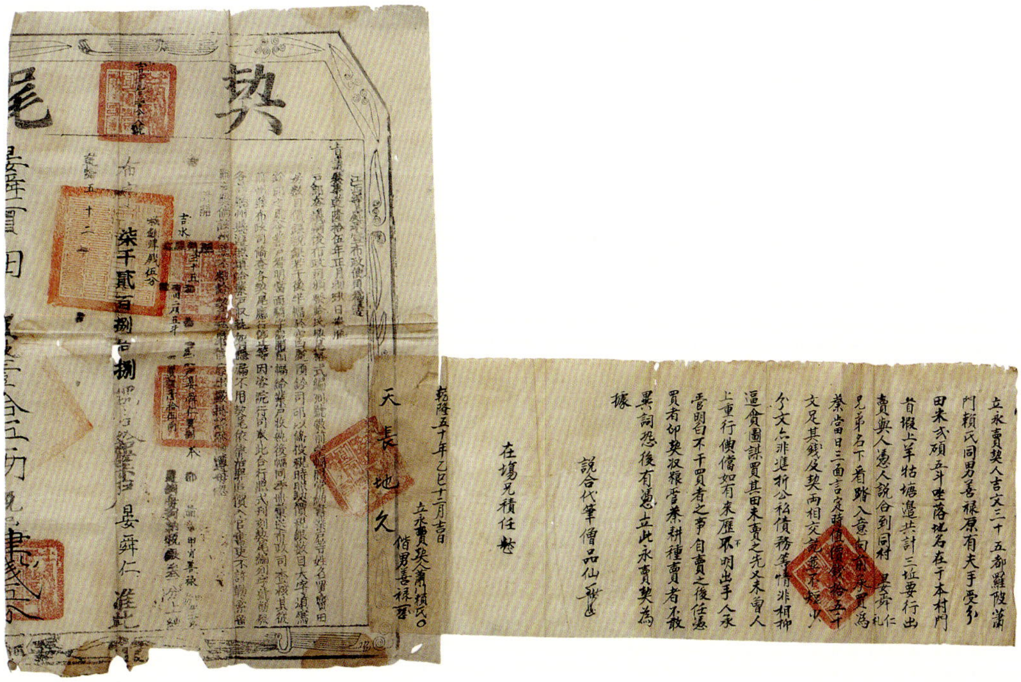

一四一 江西布政司契尾

清
长 54.6 厘米
宽 36.2 厘米
吉水县博物馆征集

子曰臧武仲以防　二章

誅臣心而慨霸業皆以維王道也夫以防求後臣心之肆也或譎或正之霸業之分也夫子兩言之非以皆維王道乎且春秋一書凡以維王道而已矣其陰違道之實者彌蓋彌彰著其微而臣罪在無將之條其陽假道之名者飾越愈下發其隱而世變有遞降之幾則婉而決之而臣心誅一字亦進為論之而霸業慨兩途夫乃數聖人為王道計者意至深且遠也不然若魯之武仲當樹援於季氏素見惡於孟孫跡其斬關奔邾雖有如防請後一事固細微無足深論者至如晉之文公則一戰而取勝齊之桓公則九合而奏功亦孰不謂而稱之且並為述之也乃夫子一抉其意而曰以曰要一判其迹而曰譎曰正豈謾然而有此說哉夫亦以維王道而已矣從來盲儒庸尹不悉無揚厲之殊績而惡無斂抑之深衷闕廷而王章特無如閑干於臣志也公家弱而私室强跗僭歎雄無或憾大夫凌而陪貳判竊于盗王莫為戀循分之臣微遂兹尤而日甚正道或猶有存乎援武仲以為鑒而明乎防為魯之隊以之肯棄機權之者若為仲之委要之者滋罔上之慝俾人知名教綦嚴內焉隱行夫私智卒至外焉顯冒夫公非難自欺即難共欺庶鈇鉞懍衷懷而强臣驕悍之惡於以戢自宋大邦强侯不甘有震雞之奇勳而貴有扶持之善術海宇留王迹又無如遮瓊於霸功也中原微而南國熾雞鳴會盟遂顛圖强藩替而小邦與鹿上求盟生侈志無寒之治遂競詐枝以相高古道將何所寄乎溯桓文以相衡而歎夫譎而不正者敢好名器則用實而事不掩心正而不譎者猶懔夫威則仗義而功可贖罪俾人知風會屢變繼起者之盡失其遺未若閑先者之尚存其畧雖相諒並難相假庶冠裳追鎬洛而雜霸富强之習於以除是則於武仲而信其要君子之嚴繩夫仲實示君臣之義以晉文為遜於齊桓子之姑取夫桓實立王霸之閑也故曰誅臣心而慨霸業皆以維王道也

子曰臧武仲以防　二章　許蓉鏡

罪莫大於要君可推此例以覈霸王焉蓋武仲以防請後其要君者譎矣至桓文之譎不譎亦辨之於要君否耳意微哉且自天澤之分定而上下之交嚴故無論為侯國臣僚天朝藩牧皆臣子也臣心不可有所恃有所恃則雖事閒待命而請乞皆驕臣心不可有所欺有所欺則雖勢屬尊王而隱微皆罪春秋既作臣道修明而或第知為宗國泯亂萌若概於强藩多恕論者則猶未知尼山臣道之防焉今夫匪風思王下泉思霸春秋自成襄而降固思桓文之霸而不得者也以昔我魯慶父之難賴齊桓之力居多倘令功在於茲則如犯門斬關之臧孫者方且匿亡不暇敢竊竊然有所求哉為後之求惟防是以直謂為臧也後者是為魯也臣不為臧也後者是不為魯也臣噫嘻至此其心之詭譎尚可問哉得夫子反覆論之而其要君之罪乃不可諱大抵覬覦之生心也始亦忖度再三而後干紀瀆名之不顧以為予小臣審時既熟矣蓋纔舊中肩而後天子無兵閭鄉竊邑以來諸侯無討況以己之深謀詭計勢不難掩衆人之耳目而恣其取求與論曷足畏乎惟為之據事直陳本其陰所挾持者痛作誅心之論俾彼悚惶無地雖極之王庭列訟有不能渝此爰書者更何俟乎聲罪焉而致討也則所以為亂臣奪其氣者此夫子維魯之思也且夫奸雄之計事也必有陰行規彷而後飾嘉文罪之有辭以為予小臣信負不疑矣而小穀書城竟作表吾之賜陽樊守義致來倉葛之呼則以彼之偉烈豐功遂不難以史筆之術揚而寬其責備公議又安在乎惟為之原心立論勢必於所推戴者視為功罪之憑庶幾優劣顯呈或令彼捍衛尊侯有威顧効忠王室者更何有於覬焉者而思逞也則所以為藩臣揭其微者此夫子尊周之志也不然夫子第論桓文也則撫時代敘功業均宜先及齊桓茲曷先及晉文曰重論要君也文何要曰譎也然則齊桓果正乎曰亦第以不要君子之也觀於包茅責貢拜胙防嚴視彼狩名河陽要君以威者何如師旋請隧要君以功者何如如文公者雖曰不要君吾不信也然猶蓄之心而已至若臧武仲之非分覬干悍然不顧則又晉文公之罪人矣

子曰臧武仲以防　二章　周錫年

誅魯臣而論二霸聖人之意深矣夫武仲要君夫子決之桓文正譎夫子辨之此非有深意於其間哉且時至春秋大夫要諸侯諸侯要天子而大夫之巧於要者則稱為智諸侯之工於要者則名為霸聖人於智者據事以論心於霸者緣流以溯本誠欲使撫斷世者稱王以治大夫而大夫之要諸侯者去稱天以治諸侯而諸侯之智夫子者亦去則維世之情而思王之感也今夫王道不明而霸術以起創者猶得其正矣繼者祇成為譎矣竊其道者且隱制其君矣要其身懷蓋世之　而惡居下流之歸名稱莫大之功而實犯無上之罪者非聖人孰從而論定之故若臧武仲者世莫不服其智也而揭其罪者歟惟夫子彼其為人廢立方寸早蓄陰謀而何疑於以防求後之非要君也曰吾不信蓋斷以臣道而仲可誅矣仲可誅而凡為仲者更無論已至若齊桓晉文世莫不盛其霸也而發其隱者亦惟夫子彼其相繼主盟藉始猶存古道而何疑於文之譎而桓之不譎也曰齊桓正蓋衡以晉文而桓為善矣桓為善而進於桓者更可思已且夫桓也文也仲也每況而愈下也而魯也晉也齊也顧治於何日也吾於此得夫子之所感矣桓之功足掩其罪文之力足濟其惡仲之詐足用其權二百年世變遞更等江河之日下而溯流風所致則世臣之並要皆盟主之啓也陽衣裳而陰兵革挾其主以令諸侯彼斬關而行據邑而請者以視桓文之矯詐猶其小焉居末俗而懷古處儒生雖貌顧得進而盗上之機至於曲沃襲而孺子稱兵陽關叛而陪臣執命而大宮之集衆復致傷於歃血之有辭夫子所以有春秋之作也夫三家僭而魯道微六卿擅而晉業衰五子爭而齊風渺十五國風詩載詠嗟時事以俟非而論國本所存則王澤之遺終愈霸圖之末也有盗臣而無篡臣有弱國而無亡國彼專擅分土厚賃獲民者以視武仲之跋扈殆有甚焉登泰岱而眺河汾遷流雖異皆有撥之使正之思至於尼谿沮而接淅徒行秋水衍而臨河莫濟而小邦之疲敝復致慨於藉手之無柯夫子所以有東周之志也夫

文豪情壯采卓識鴻裁冠冕羣英端推此種

中者而已神應乃爾乎子之言如此固存疑之意也要豈忍直指為不然也哉

婉轉關生題神恰肖

逃於罪然則人之寬武仲猶學夫子者未必然也宜夫子明辨之矣

君則於道庶有合也自春秋以來君臣之義不明凡為被髮左衽者所笑得吾夫子之平情論定而臣道始昭於千古

一四二 《大题五万选》（共80本）

清
长 13 厘米
宽 7.5 厘米
吉水县博物馆征集

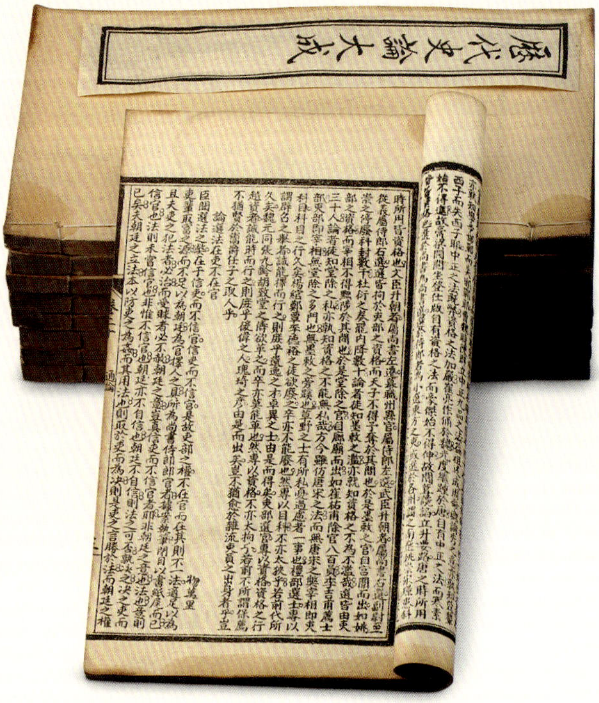
歷代史論大成

歷代史論大成

一四三 《历代史论大成》（共20本）

清
长 17 厘米
宽 10 厘米
吉水县博物馆征集

御批歷代通鑑輯覽

一四四 《御批历代通鉴辑览》（共20本）

清

长 20 厘米

宽 13 厘米

吉水县博物馆征集

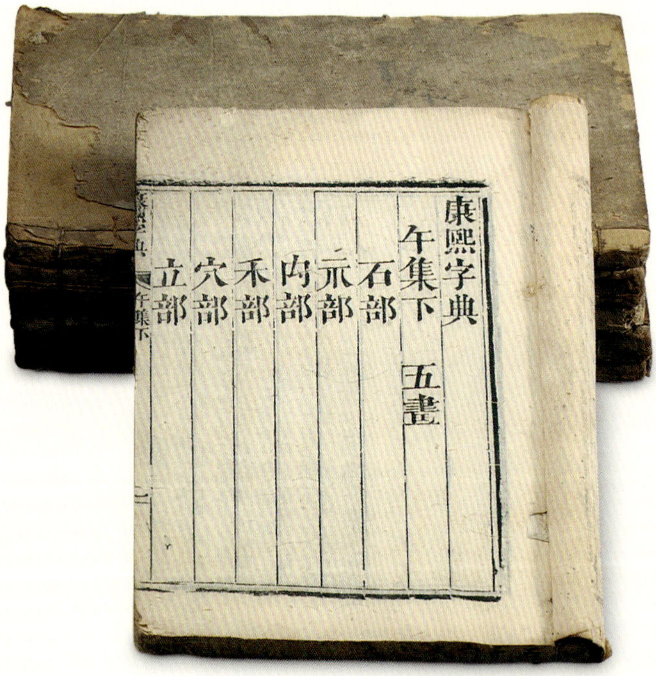

一四五 《康熙字典》（共20本）

清
长 17.5 厘米
宽 12 厘米
吉水县博物馆征集

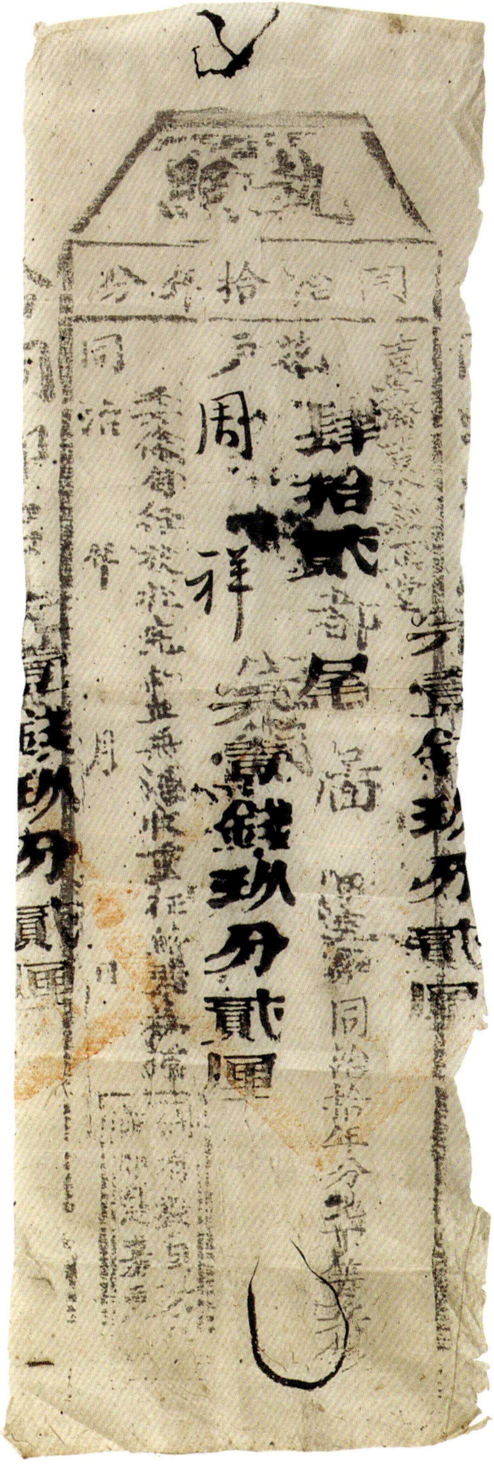

一四六 执照

清同治十年（1871）
长 26 厘米
宽 8.2 厘米
吉水县博物馆征集

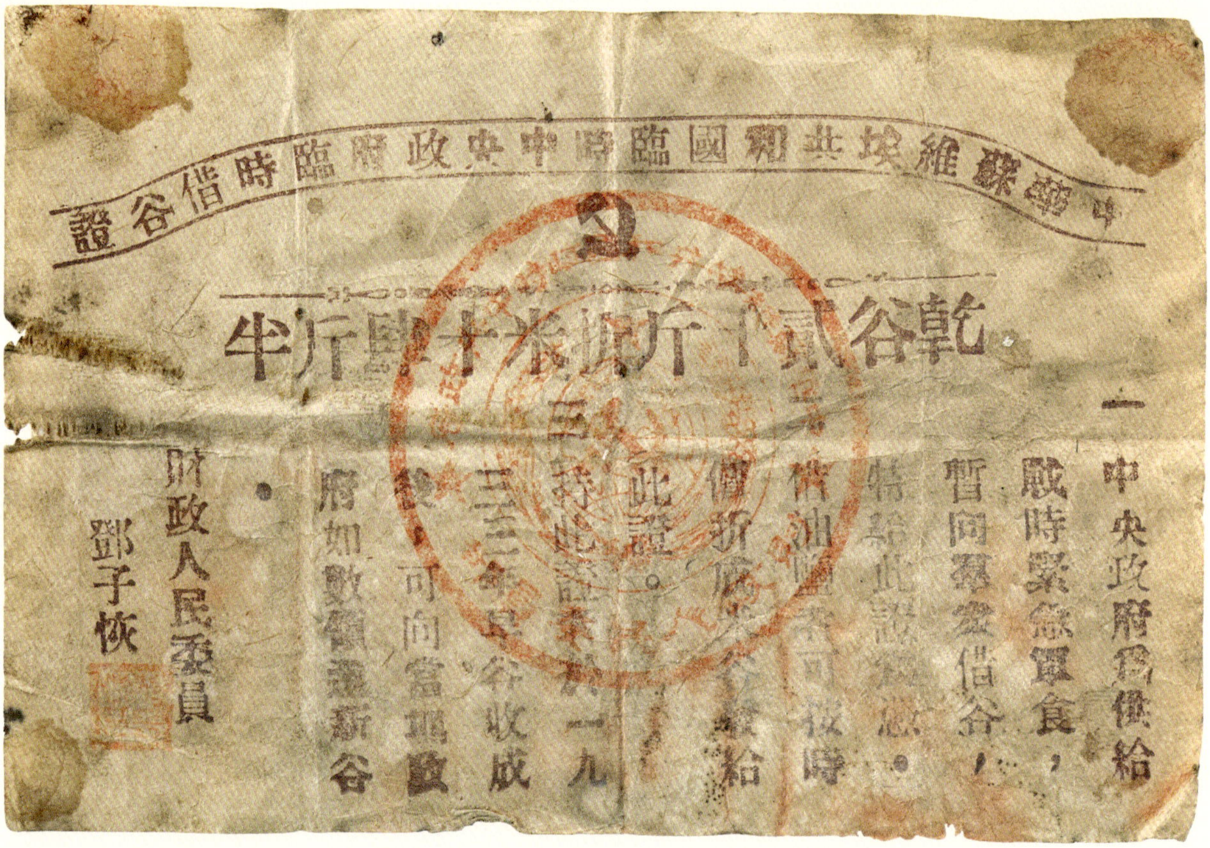

中華蘇維埃共和國臨時中央政府臨時借谷證

乾谷貳十斤折米十四斤半

一、中央政府為供給戰時緊急糧食，暫向群眾借谷，特發此證為憑。

三、持此證本年一九三三年早谷收成後可向當地政府如數領還新谷

財政人民委員
鄧子恢

一四七 中华苏维埃共和国临时中央政府临时借谷证

1933 年
长 205 厘米
宽 85 厘米
吉水县博物馆征集

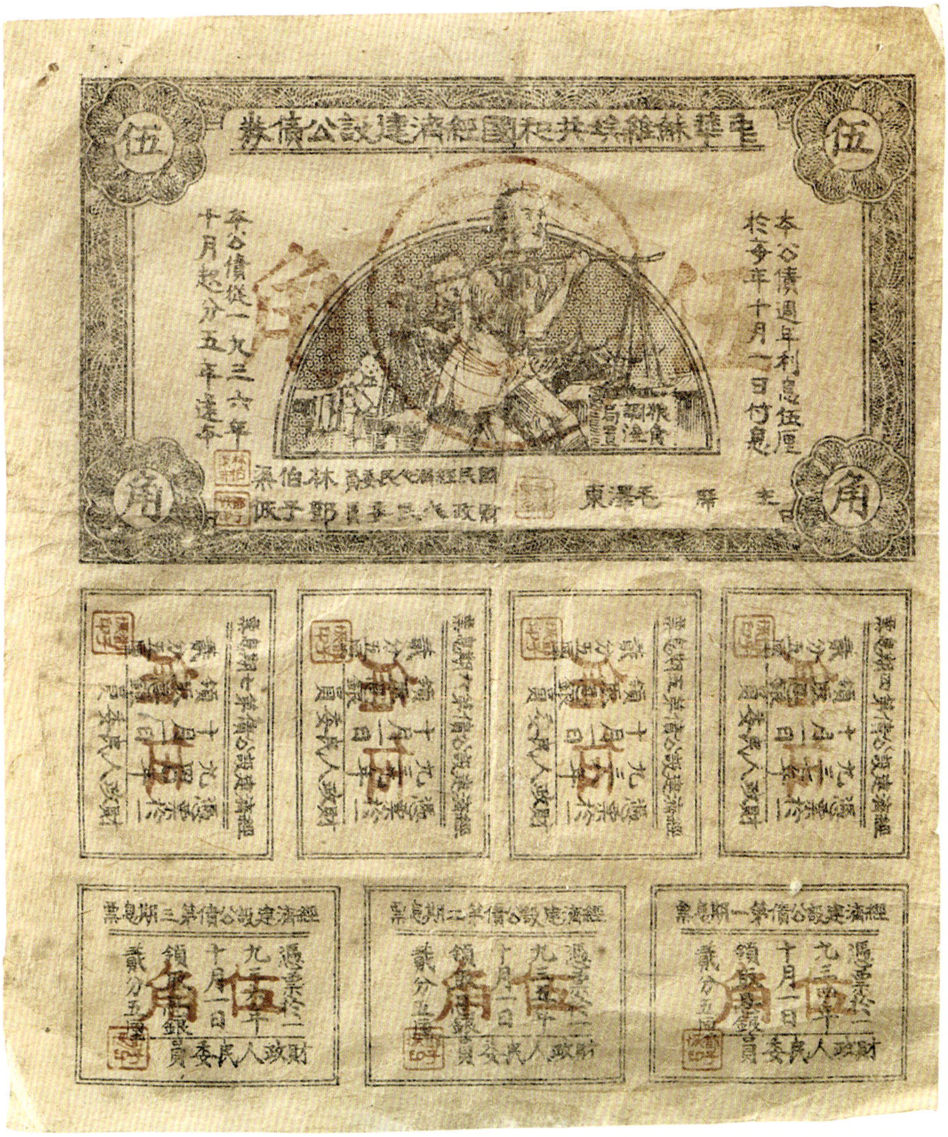

一四八 债券

1936 年
长 12.5 厘米
宽 10 厘米
吉水县博物馆征集

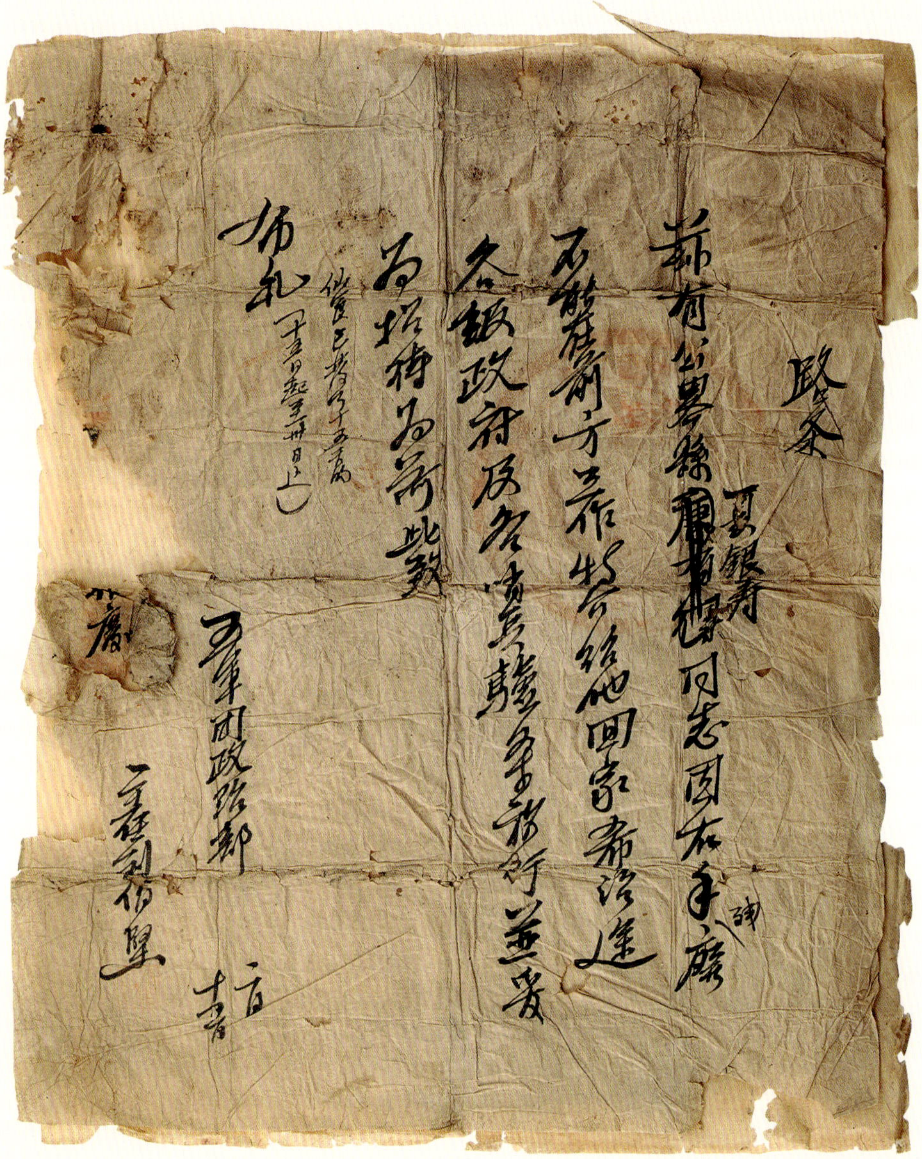

一四九 路条

1932～1934年
长31厘米
宽25厘米
吉水县博物馆征集

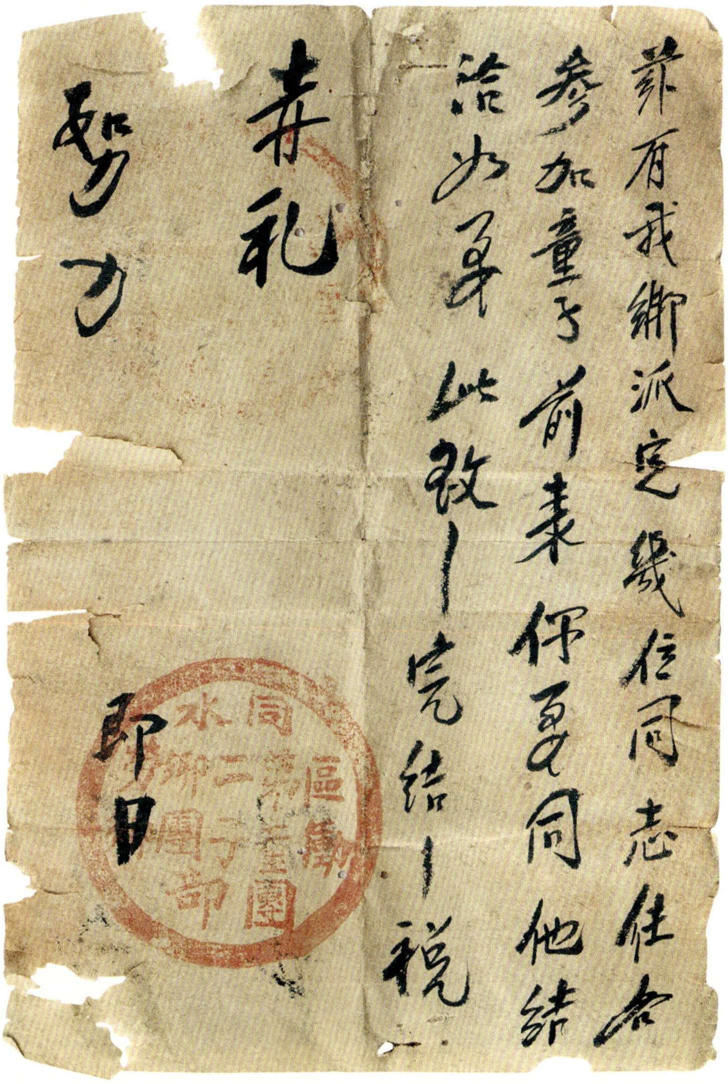
兹有我乡派定几位同志往会
参加童子前来 仰望同他结
洽为要 此致—党结—祝
赤礼
努力
即日

一五〇 路条

大革命时期
长 27.5 厘米
宽 19.5 厘米
吉水县博物馆征集

杂项

一五一 解缙《文毅公集》著作雕板

清康熙
长 26.5 厘米
宽 16 厘米
吉水县博物馆征集

一五二 罗洪先著作《念庵集》雕板

清雍正
长 33 厘米
宽 26 厘米
吉水县博物馆征集

一五三　鎏金勳奇堂木牌位

清
高 35 厘米
宽 38 厘米
吉水县博物馆征集

一五四 木雕笔筒

近代
高 10.3 厘米
口径 4.4 厘米
底径 4.9 厘米
吉水县博物馆旧藏

一五五 核雕

近现代
高 3.5 厘米
底径 2 厘米
个人捐赠

图版说明

一 多角陶罐

敛口，凸唇，鼓腹，小平底。腹部贴塑四排圆锥状角，每排五个。多角罐是唐末北宋时期主要流行于赣西北一带的随葬明器，具有很强的地域特色。

二 青釉双系水波纹盘口壶

方唇，浅盘口，长束颈，扁鼓腹，圈足残缺。肩部塑对称横向环状系。肩腹部刻划一组水波纹和弦纹。深灰胎，釉层剥落。

三 青釉方格纹双系罐

圆唇，侈口，微束颈，斜溜肩，肩部塑对称横向环状系组，微鼓腹，中腹以下渐内收，平底。外腹壁拍印方格纹。灰胎，口沿以及外腹壁上部施青黄釉。中国是瓷器的故乡，最迟在东汉时期已经出现成熟青瓷。

四 洪州窑青釉水波纹罐

直口，圆唇，鼓腹，平底微凹，肩部饰刻划一周水波纹，肩腹处饰一周凹弦纹。胎质灰白，内、外壁施青釉。

五 洪州窑青釉水波纹双系罐

直口，尖唇，口沿、肩部间饰弦纹、水波纹，肩部附双系，鼓腹平底，内外壁施青釉。

六 洪州窑青釉弦纹对角罐

直口，方唇，短颈，颈部外壁有一周凸弦纹，溜肩，口沿、肩部刻划弦纹一道，肩部塑对称实心圆锥状角，平底微凹，器形规整。灰白胎，内外壁施青釉，近底部可见积釉痕，釉面细小开片。

七　洪州窑青釉弦纹唾壶

盘口，束颈，口沿和肩部分别饰三道弦纹，圆溜肩附对称竖向环状系，圆腹，平底微凹。黄白胎，内、外壁施青釉，釉层剥落，釉面开纹片。

八　洪州窑青釉水波纹钵

方唇，敛口，弧腹壁，喇叭状圈足。外腹部上下各一组细弦纹间施一周水波纹，内底心刻划放射性条纹十组。灰白胎，胎体厚重，内、外壁施青釉。墓中同出有青釉带盖钵、青釉盏托，为我国目前发现最早的成套茶具。

这套茶具的出土，反映了东吴时期我国南方地区加工制作擂茶、茶叶储存、饮茶等方面的生活习俗，为研究茶文化的起源、发展及生产工艺，提供了宝贵的实物资料。

九　洪州窑青釉水波纹擂钵

圆唇，敛口，斜弧腹，内底圆弧，圈足较高。外腹部两组弦纹间装饰一组水波纹。

一〇 洪州窑青釉水波纹带盖钵

由盖和钵两部分组成。

钵：子母口，内敛，尖圆唇，近口沿处一道弦纹下饰一周水波纹，斜弧腹壁，平底微凹。

盖：盖面微隆，中间平坦，顶端塑瓜楞形钮。灰黄胎，外壁施青釉，釉面开纹片，局部剥落。

该器物为我国最早成套的茶具之一。

一一 洪州窑青釉水波纹盏托

茶具，由上部盏和下部托盘两部分组成。

盏：圆唇，敛口，弧腹，外壁近口沿处一周弦纹下装饰水波纹一周，圈足与托盘相连。

托盘：敞口，平底微凹。

整器灰黄胎，内、外壁满施青釉，托盘底部露胎，釉面有细小开片。

文献记载盏托始于唐建中年间（约七八〇～七八四），宋程大昌《演繁露》载：『托始于唐，前世无有也。（蜀相）崔宁女饮茶，病盏热熨指，取碟子融蜡像盏足大小而环结其中，置盏于蜡，无所倾侧，因命之髹漆为之，宁喜其为，名之曰托，遂行于世。』

该器物是我国目前所见最早的用以承托茶盏的茶具实物，又称『茶船』。

一四 洪州窑青黄釉弦纹碗

圆唇，侈口，弧腹壁，圆饼足。外腹壁上部饰二组细弦纹。灰白胎，内壁满、外壁不及底足施青黄釉。釉面开细纹片，部分剥落。

一三 洪州窑青釉勺

敛口，圆唇，斜弧腹，平底。口沿一侧塑一弧形短柄。灰白胎，内、外壁施青釉。

酒具，在晋代竹林七贤的砖雕图像中与酒樽一起使用，是用以分酒的器物。

一二 洪州窑青釉弦纹高柄灯盏

托盘尖圆唇，敞口，浅腹，平底。灰白胎，通体施青釉，釉面开纹片。

圆柱状把柄连于托盘。

盏部似豆状，圆唇，弧腹壁，内底圆弧，外壁近口沿饰一周凹弦纹。

整器由盏、柄、托盘三部分组成。

一五　洪州窑青釉突棱立鸟谷仓

圆肩封顶，顶中间塑短圆柱，鸟立于其上，鼓腹内空，平底微内凹，三周突棱，腹部一侧正中开一两侧门框突起的长方形仓门。灰白胎，施青釉，釉面有细小开片。

一六　洪州窑青釉灶

船形，无底，内空。灶头半圆形，正中开长方形灶门；灶尾尖，设小三角形烟囱。灶侧面呈斜弧状，灶面三火口上分别架锅、釜、甑。胎质灰白，通体施青釉，釉面细小开片。

一七　洪州窑青釉水波纹人字形水井

圆筒状。平沿，方唇，直口，直腹壁，平底。口沿上设『人』字形井架，架下悬吊桶。外腹壁上部四道弦纹间饰二周水波纹。水波荡漾，泉水清澈。

一八 洪州窑青釉人字形吊水桶

整体造型与前述青釉水井相同，只是体量较小，悬挂在水井的人字架下作吊水之用。灰黄胎，内外施釉，釉层剥落。

一九 洪州窑青釉厕所

悬山屋顶，正脊凸出，四垂脊斜出，圆弧形角，长方形盘将屋体托住。正面左侧设门，门内拾级而上往右为茅坑，坑内空，坑口小而方，屋后设排污用小方口与茅坑相通。造型逼真。胎质灰白，通体施青釉，釉面开片。

二〇 洪州窑青釉雌猪

猪嘴平而短，两眼内凹，耳小而尖，体胖身短，尾小股大，四足短粗作行走状。灰黄胎，釉层剥落。

二一 洪州窑青釉鸡

头顶高鸡冠，嘴尖眼凸，短颈腹丰，两翅平伸欲飞，尾毛直立上翘，足短爪粗。灰黄胎，釉层剥落。

二二 青釉四系筒形盖罐

缺盖。子母口，尖圆唇，内敛，圆筒腹，直腹壁，浅圈足。外腹近口沿处塑二组对称的竖向环状泥条系。外腹壁中部可见明显的修胎痕。灰胎，口沿以及外腹壁不及底施釉，釉层剥落。

二三 越窑青釉方格纹碗

圆唇，侈口，直腹壁，浅圆饼足。外壁口沿下装饰一周宽凹弦纹，外腹壁一周细方格纹带。深灰胎，内壁满外壁及底足施青釉，釉呈艾青色。

越窑位于浙江省慈溪一带，是六朝至唐代时期生产青釉瓷的著名窑场。

二四 洪州窑青釉四系罐

尖圆唇，短直颈，圆溜肩，腹部上鼓，中部以下渐内收，平底。肩腹部塑四个对称横向环状系。灰白胎，口沿以及外壁施青釉，釉面开细纹片。胎釉结合不紧密，口沿处可见剥釉现象。

二五 洪州窑青釉盘托三足炉

三足炉置于一方唇、直腹壁、平底盘内底。

三足炉：方唇，直口，直腹壁，平底，外底附三个蹄形足。深灰胎，除盘外底外，余满施青釉，釉呈灰黄色，土沁严重。

二六 洪州窑青釉五盅盘

盘内敛口，直腹壁，内底平，五个小盅均匀置于盘内。

盅：尖圆唇，侈口，浅圈足。

整器灰白胎，胎质较软，内、外壁满施青釉，胎釉结合不牢，可见剥釉现象。

二七　青黄釉四系罐

圆唇，敛口，短颈，溜肩，圆鼓腹，圆饼足。肩部置四个横向环状系。深灰色胎，内壁满、外壁不及底施青黄釉，釉面开细冰裂纹。墓葬使用反书『开皇二十年』纪年砖砌筑，是不可多得的标型器。

二八　青釉小罐

圆唇，侈口，束颈，扁鼓腹，小平底。深灰色胎，内壁满、外壁不及底施青釉，局部釉层脱落，有流釉现象。墓葬使用模印反文『开皇二十年』纪年砖砌筑，是不可多得的标型器。

二九　青褐釉四系盘口壶

盘口外侈，短束颈，鼓腹，饼足。肩部横置四个环状系。灰色胎，内壁满、外壁不及底施青褐釉，有流釉现象。胎釉结合紧密。墓葬使用模印反文『开皇二十年』纪年砖砌筑，是不可多得的标型器。

三〇 青褐釉唾壶

口沿略残。盘口外撇，束颈，扁鼓腹，圆饼足。深灰色胎，内壁满、外壁不及底施青褐釉。墓葬使用反书『开皇二十年』纪年砖砌筑，是不可多得的标型器。

三一 青褐釉瓢尊

侈口，深腹，腹壁近口沿内收，小平底，口沿一侧塑一短柄。灰色胎，内壁满、外壁不及底施青褐釉，局部釉层脱落。墓葬使用模印反文『开皇二十年』纪年砖砌筑，是不可多得的标型器。

三二 青黄釉碗

直口，方唇，弧腹，圆饼足。内底刻划一交叉纹，足底外侧旋挖一周。深灰色胎，内、外壁半施青黄釉，有流釉现象。墓葬使用模印反文『开皇二十年』纪年砖砌筑，是不可多得的标型器。

三三 洪州窑青黄釉印团花纹钵

圆唇，直口微敛，斜弧腹，圜底。内壁近口沿处饰一组细弦纹，底心和内壁分别戳印同心圆纹和四朵团花纹。深灰胎，内壁满、外壁不及底施青黄釉，脱釉严重，胎釉之间涂抹一层化妆土。墓葬使用反书『开皇二十年』纪年砖砌筑，是不可多得的洪州窑标型器。

三四 洪州窑青黄釉印团花纹钵

直口微敛，斜弧腹，圜底。内壁近口沿处饰一组细弦纹，底心和内壁分别戳印同心圆纹和四朵团花纹。深灰胎，胎釉涂抹一层化妆土，内壁满、外壁不及底施青黄釉。墓葬使用模印反文『开皇二十年』纪年砖砌筑，是不可多得的洪州窑标型器。

三五 洪州窑青黄釉印枝叶纹钵

直口微敛，斜弧腹，圜底。内壁近口沿处饰一组细弦纹，内底戳印四枝叶纹。深灰胎，内壁满、外壁不及底施青黄釉，局部脱釉，胎釉之间涂抹一层化妆土。墓葬使用反书『开皇二十年』纪年砖砌筑，是不可多得的标型器。这类内底戳印花纹的圜底钵为洪州窑的典型产品。

三六 洪州窑青黄釉印花高足盘

尖圆唇，浅腹，内底宽平，喇叭状高圈足，圈足把柄处装饰一组弦纹，内底有印花纹饰。灰胎，内壁满、外壁不及底施青黄釉。

三七 青褐釉盘托三足炉

炉：圆唇，侈口，深腹，圜底近平状，下接三外撇短蹄足，足下承盘。盘作尖圆唇，侈口，浅弧腹，圆饼足。灰色胎，青褐釉，仅底足露胎。墓葬使用模印反文『开皇二十年』纪年砖砌筑，是不可多得的标型器。

三八 青褐釉灯盏

圆唇，敞口，斜弧腹，圆饼足，盏中心置矮圆柱，柱一侧设一扁平状突起，上绕一个圈。深灰色胎，内壁满、外壁不及底施青褐釉，局部釉层脱落。墓葬使用反书『开皇二十年』纪年砖砌筑，是不可多得的标型器。

三九　青褐釉插器

圆唇，直口，长直颈，扁鼓腹，圆饼足。斜溜肩，肩部置四个圆直管，形成五管状，其中三个与腹部相通。深灰色胎，内壁满、外壁不及底施青褐釉。墓葬使用反书『开皇二十年』纪年砖砌筑，是不可多得的标型器。器物的胎釉与丰城洪州窑窑址以及南昌地区出土的同类器不同，应是当地洪州窑系的产品。

四〇　青黄釉五足砚台

圆形，直壁，砚心微凸，外底较平，中心略凹，底缘接五乳足。深灰胎，除砚心和外底心露胎外，余施青黄釉，釉面开冰裂纹。墓葬使用模印反文『开皇二十年』纪年砖砌筑，是不可多得的标型器。

四一　青褐釉提梁水注

器身扁圆，圆饼足。肩部一侧置兽头流，对应的另一侧置兽尾，绞索状提梁两端各贴塑两个小圆饼。盖与器身粘连不能分开。深灰色胎，满施青褐釉，仅底足露胎，脱釉严重。墓葬使用模印反文『开皇二十年』纪年砖砌筑，是不可多得的洪州窑系标型器。

四二 青褐釉提梁水注

提梁残缺。整体作扁圆形，圆饼足。肩部一侧置短圆管状流，提梁两端各贴两个小圆饼。盖与器身粘连不能分开。深灰胎，青褐釉。墓葬使用反书『开皇二十年』纪年砖砌筑，是不可多得的洪州窑系标型器。

四三 青釉五盅盘

盘侈口，圆唇，直腹，圆饼足，内底均匀置五个圆形小盅，盅口略高出盘口。灰色胎，内壁满、外壁不及底施青釉，釉层剥落。墓葬使用反书『开皇二十年』纪年砖砌筑，是不可多得的标型器。

四四 青褐釉耳杯盘

盘侈口，浅弧腹，圆饼足，内底置大小不一的两个椭圆形耳杯。深灰色胎，内壁满、外壁不及底施青褐釉，外底可见垫圈痕。墓葬使用模印反文『开皇二十年』纪年砖砌筑，是不可多得的洪州窑系标型器。

四五 青褐釉分格盘

盘直口，方唇，直壁，浅腹，圆饼足，盘分作内外两区，外区四格，内区二格，呈六格盘。深灰色胎，内壁满、外壁不及底施青褐釉，外底可见垫圈痕。墓葬使用反书『开皇二十年』纪年砖砌筑，是不可多得的洪州窑系标型器。

四六 青褐釉妇人烹饪灶

灶呈船形。灶面前端置三锅，中间安放蒸煮器，尾部设一个三角形出烟孔。火门方形，内置两根干柴，旁塑一个熄薪罐。灶旁立一头梳双髻、双手捧蒸煮器的妇人。深灰色胎，除底部外通体施青褐釉，局部偏青。墓葬使用反文『开皇二十年』纪年砖砌筑，是不可多得的洪州窑系标型器。

四七 青釉妇人烹饪灶

尖首船形。灶面置一蒸煮器，灶头设凸字形挡火墙，下设长方形火门，门内置放两根干柴，旁塑一熄薪罐。灶一侧立一双手捧蒸煮器的妇人，灶尾有一椭圆形出烟孔。造型简洁流畅。深灰色胎，除底部露胎外，余满施釉，釉色不显。墓葬使用反文『开皇二十年』纪年砖砌筑，是不可多得的洪州窑系标型器。

四八 青黄釉弦纹四系罐

圆唇，平折沿，束颈，斜溜肩，肩部塑四个横向半环状系，上腹外鼓，下渐内收，平底。外腹壁可见规整修坯痕。肩部饰一组弦纹。灰色胎，口沿以及外壁不及底施青黄釉。外腹壁近底可见明显的修坯痕。整器圆润饱满，凸显大唐风采。

四九 青黄釉四系盘口壶

尖圆唇，盘口较深，束颈，斜肩，鼓腹，圆饼足。肩部对称置竖向桥形复系，系下施一道凹弦纹。灰白胎，口沿以及外腹壁不及底施青黄釉，釉色滋润。

五〇 青灰釉四系壶

凸唇，微束颈，斜溜肩，颈肩分界明显，颈肩处塑四个竖向扁平系。腹部外鼓，下渐内收，圆饼足，足缘外伸。灰色胎，口沿以及外腹壁不及底施青灰釉。

五一 青白釉唇口高足碗

凸唇，敞口，深弧腹，内底圆弧，高圈足。灰白胎，内壁满、外壁至胫部施青白釉。青白釉是景德镇独创的一种青中显白、白中泛青的新品种，具有青玉的效果，有『饶玉』的雅称。

五二 青白釉唇口高足碗

凸唇，敞口，深弧腹，内底圆弧，高圈足。白胎，内壁满、外壁至底足施青白釉，圈足露胎，胎白釉润。

五三 青白釉芒口碗

敞口，斜壁，深腹，圈足。内外腹壁可见细密规整修坯痕。白胎，胎体轻薄，内、外壁满施青白釉，唯口沿露胎，呈现一周黄褐色。

五四　青白釉芒口碗

敞口，斜壁，深腹，圈足。内、外腹壁可见规整的修坯痕。白胎，内、外壁满施青白釉，唯口沿露胎。支圈覆烧最早见于定窑，后被景德镇接受并加以改良，继而随着景德镇青白瓷的畅销广泛流传于南方地区。采用覆烧法可以解决原料匮乏的困境，同时极大提高装烧量。

五五　青白釉莲瓣纹芒口碗

芒口，外敞，斜直腹壁，圈足。外腹壁刻划一周莲瓣纹。灰白胎，内、外满施青白釉，唯口沿露胎。

五六　青白釉芒口碗

敞口，斜腹壁，浅圈足。白胎，内、外壁满施青白釉，唯口沿露胎。

五七　青白釉碗

圆唇，敞口，斜腹壁，内底宽平，圈足较高。灰黄胎，内壁满、外壁不及底施青白釉，釉色泛黄。

五八　定窑白釉印花菊纹芒口碗

芒口，圆唇，外敞，斜直壁，小圈足。内壁口沿一周回纹，下印缠枝菊花，底心一朵盛开的五瓣小花。胎呈白色，胎薄体轻，全器满施白釉，唯口沿露胎。

定窑是宋代五大名窑之一，位于河北省曲阳县。墓葬伴出南宋宝祐二年纪年地券，是定窑瓷器断代的标准器。

五九　定窑白釉刻折枝萱草纹葵口碗

六缺葵口，微敞，斜弧腹壁，浅小圈足。外壁六缺口下刻划六道竖凹弦纹，器内刻划折枝萱草纹，刀法简单有力。施白釉，釉呈米白色，口沿露胎，胎质洁白坚致。

芒口覆烧最早创烧于定窑。墓葬伴出南宋宝祐二年纪年地券，是定窑瓷器断代的标准器。

六〇　耀州窑青釉刻孩儿攀花纹碗

敞口，浅弧腹，圈足。外腹壁刻划弦纹一周，内壁刻划三孩儿攀花纹饰。孩儿呈品字形排列，眉清目秀，光头露体，颈系项圈，姿势不一，作攀枝状。刀法刚劲有力，纹样生动活泼。胎呈灰黄色，内外满施青釉，圈足露胎，釉质光泽细腻，釉厚处呈墨绿色。

耀州窑位于陕西省铜川市，是宋代著名的窑场之一，尤以模印、刻划花纹著称。墓葬伴出南宋宝祐二年纪年地券，是耀州窑瓷器断代的标准器。

六一　建窑黑釉兔毫纹盏

敞口，束颈，弧腹下收，浅圈足。灰黑色胎，胎质坚实凝重，内壁满、外壁至底足施黑釉，外腹下部积釉较厚，呈蜡泪状。釉色乌黑发亮，口沿釉薄呈酱褐色，内壁有窑变兔毫纹，纹丝呈浅绿或紫褐色。

建窑位于福建省建阳市，是宋代以烧造黑釉瓷器为主的窑场。墓葬伴出南宋宝祐二年纪年地券，是建窑瓷器断代的标准器。

六二　吉州窑黑釉莲瓣纹三足炉

敛口，内凸唇，直腹壁，平底，底附三矮足。灰白胎，胎质疏松，内、外腹壁施黑釉，釉色均匀亮丽。外腹壁绘灰白色变形莲瓣纹。

吉州窑是宋元时期著名窑场，以烧造黑釉和白地彩绘闻名，黑地彩绘同样风行当时。

六三　吉州窑黑釉盖罐

由罐和盖两部分组成。

罐：圆唇，短直颈，溜肩，上腹部外鼓，中部以下渐内收，胫部外撇，平底。

盖：盖顶较平，中间塑悬山式屋顶，前后两面坡塑瓦垄，盖内设圆管状子口。灰黄胎，外壁施黑釉。

六四　吉州窑绿釉莲瓣纹高足炉

圆唇，唇沿外撇，侈口，微束颈，深腹，二层台状高足。外腹近底贴塑一周仰莲瓣纹。灰黄胎，口沿以及外腹部施绿釉。

绿釉是吉州窑宋元时期的主要品种。

六五　青白釉莲瓣纹瓶

方唇，平折沿，长束颈，圆鼓腹，喇叭状高足。颈中间一周凸弦纹，腹上部弦纹间一周莲瓣纹。灰白粗砂胎，口沿以及外腹壁不及底施青白釉，釉色泛青。

六六 青白釉堆塑皈依瓶（一对）

皈依瓶，也称龙虎纹瓶。盂形口，长直颈，长椭圆形腹，圈足外撇。口沿下一周荷叶形凸棱，颈上部堆塑龙或虎缠绕，其间点缀日、月、鹿、朱雀及祥云等，下部凸棱上贴塑模印立俑十二人，轮廓模糊。笠帽形盖，盖顶上蹲伏一鸟作仰天或俯视状，盖沿平坦。白色胎，施青白釉不到底，釉色泛青灰，盖内、瓶口沿、胫部至足露胎，口、颈、腹、足等部位接胎痕明显。

六七 青白釉敞口碗

圆唇，敞口，直腹壁，内底宽平，圈足。白胎泛黄色，内壁满、外壁不及底施青白釉，釉色泛白。同样的器物见于抚州市金溪县里窑窑场。

六八 青白釉圈足碗

尖圆唇，斜直腹壁，内底宽平，浅圈足。白胎泛浅红色，内壁满、外壁不及底施青白釉，内底有一周涩圈。外底足粘连细沙。器物的胎釉特征与抚州市乐安县县城北郊元代青白釉窑址的同类标本相同。

六九 青白釉乳钉纹三足炉

敛口，唇沿内折，腹壁较直，平底，外底缘塑三个云状足。腹部上下各模印一周乳钉纹。灰黄色胎，胎质疏松，口沿以及外腹壁施青白釉，釉色泛青。

七〇 青白釉剔刻月梅纹粉盒

由盒身和盖两部分组成。

身：子母口，微内敛，斜弧腹壁，圈足。

盖：母口状，盖面隆起，顶中间剔刻月梅纹。灰胎，盖面以及盒身内外腹壁施青白釉，釉面开细冰裂纹。

七一 青釉敞口碗

圆唇，敞口，浅腹，内底宽平，圈足。灰胎，内壁满、外壁不及底施青釉。

七二 黑釉钵

平凸唇，微内敛，直腹壁，上部较直，下部内收，圆饼足。灰黄色胎，胎质坚致，仅外腹壁上部施黑釉。

七三 黑釉敞口碗

圆唇，敞口，斜弧腹壁，浅腹，浅圈足。灰白胎，内壁满、外壁不及底施酱黑釉，口沿内外釉厚处呈黑色，内、外腹壁釉薄处呈酱色。

器物的造型、胎釉特征与江西丰城钳石窑的同类器相似。

七四 龙泉窑豆青釉罐

方唇，微内敛，直颈，溜肩，鼓腹，中部以下渐内收，平底。灰白胎，内外壁施豆青釉，釉层较厚，釉面开纹片。口沿和底足露胎处呈现紫色。

龙泉窑位于浙江省西北龙泉县一带，是能与景德镇比肩的、以烧造青釉著称的窑场。

七七 青釉唇口碗

厚唇，敞口，斜腹壁，圈足。外腹壁可见明显的修坯痕。灰白胎，内壁满、外壁不及底施青釉。

七六 青黄釉唇口碗

厚唇，敞口，深腹，内底圆弧，圈足。灰胎，内壁满、外壁至底施青釉，釉色泛青黄色。

七五 青釉敞口碗

圆唇，敞口，深腹，斜弧腹壁，圈足较高。灰黄色胎，胎质粗糙，内壁满、外壁不及底施青灰色釉，釉面较涩。

江西地区仿龙泉窑青釉瓷器，俗称土龙泉瓷器。

七八 青釉唇口碗

厚唇，敞口，浅腹，内底圆弧，小圈足。灰白胎，内壁满、外壁及底足施青釉，釉层较厚，釉色发绿，釉面开细纹片。

七九 青釉莲瓣纹碗

圆唇，敞口，斜弧腹壁，内底圆弧，圈足，足端平直。外腹壁刻划一周莲瓣纹。灰胎，内壁满、外壁不及底施青釉。

八〇 青灰釉唇口碗

厚唇，敞口，浅腹，内底宽平，圈足，足墙方正。灰胎，内壁满、外壁及底足施青灰釉。

江西地区烧造仿龙泉窑青釉瓷，俗称土龙泉。

八一 青灰釉厚唇碗

厚唇，敞口，浅腹，内底宽平，圈足，足墙方正。灰胎，内壁满、外壁及底足施青灰釉。

八二 青釉碗

圆唇，折沿，斜弧腹壁，浅腹，内底宽平，小圈足。灰胎，内壁满、外壁及底足施青釉，釉色泛黄。

八三 粉彩花鸟纹四方盘

方形盘，委角，浅腹，圈足，足沿外卷。内壁一侧粉彩山石花鸟纹，圈足外壁波涛纹，色彩鲜艳。外底中心红彩书大清同治年制篆书方框款。细白胎，内、外壁满施白釉，仅足沿露胎。

八四　粉彩花卉四方盘

方形盘，委角，腹较深，圈足。内壁绿地粉彩大小相间朵花纹，朵花红黄颜色不一，外腹壁装饰折枝花，圈足外壁满饰波涛纹。外底中心红彩书大清同治年制篆书方框款。细白胎，内、外壁满施白釉，仅足沿露胎，足沿粘存细沙。

八五　粉彩山石树木纹葵口碗

葵口，斜弧腹壁，深腹，圈足。内壁绿彩。外腹壁山石树木纹，圈足外壁波涛纹。圈足满施绿彩，中间红彩书大清同治年制篆书方框款。白胎，内外满施白釉。

八六　粉彩蛱蝶花草纹葵口碗

葵口，斜弧腹壁，深腹，圈足。内壁绿彩，外腹壁蛱蝶花草纹，圈足外壁波涛纹。圈足满施绿彩，中间红彩书大清同治年制篆书方框款。白胎，内外满施白釉。

八七　粉彩山石花草纹葵口碗

葵口，斜弧腹壁，深腹，圈足。内壁绿彩，外腹壁山石花草纹，圈足外壁波涛纹。圈足满施绿彩，中间红彩书同治年制篆书方框款。白胎，内外满施白釉。

八八　蓝釉观音瓶

圆唇，长颈，鼓腹，圈足外撇。器体端庄大方，白胎，胎质细腻，内外满施宝石蓝釉，釉层均匀柔和，尽显华贵之美。

八九　青花釉里红人物鼻烟壶

小口，短颈，折肩，圆筒形腹，圈足。口沿外缘一周青花弦纹，肩部方格纹地点缀釉里红朵花，腹部青花人物纹，方窗框仪使用釉里红描绘。画面生动，青花料灰暗，釉里红浅淡。白胎，内外满施白釉。

九〇 粉彩扁形鼻烟壶

圆管状小口，直颈，扁腹，椭圆形圈足。腹部一侧粉彩翠鸟站立绿树上。白胎，白釉。

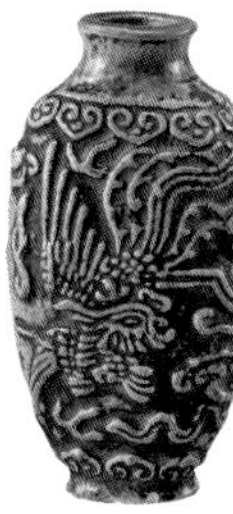

九一 绿釉浮雕龙凤鼻烟壶

圆唇，短束颈，溜肩，鼓腹，圈足。肩部一周如意云纹，腹部龙凤纹。灰白胎，外壁满施绿釉。

九二 石凿

长方体。器体厚实，拱形背，双面刃。粗糙，磨制不精细。青灰砂岩质。

九三　伏听俑

唐宋时期流行明器神煞之一。俑头戴幞帽，帽山隆起呈长方体，身着圆领窄袖长袍，腰系革带。身体平伏，脸侧看，背朝上，双手拱起置于头下作侧耳倾听状，一幅伏听地府、与鬼神对话的神态。在江西地区宋代元墓葬中常有出土，伴出十二时辰、仰听俑。

九四　石狗

昂首右望，四肢伏卧于地，尾巴卷曲贴于臀部。造型生动，雕刻简练传神。

九五　夔龙纹带钩

钩呈S形。钩头呈夔首状，耳、角弯曲，眼珠突出，嘴巴张开，细齿外露。背面一个圆饼形扣。淡青色玉，雕琢精细，工艺流畅，造型精美。

九六　宋故富川居士罗子高行状

青石质，长方形。行状从右向左书写，阴刻楷书，二十行，满行四十一字，总计有八百二十八字。

行状由同乡表侄左奉议郎新太常博士杨万里于乾道七年六月写，欧阳广刊。叙述了居士罗子高一生孝行，十四而孤，奉其母与弟妹，善行乡里，大公无私的生平事迹。

杨万里（一一二七—一二〇六），字廷秀，号诚斋。江西吉州人（今江西省吉水县黄桥镇湴塘村），南宋大诗人。

九七　宋故罗子高墓志铭

青石质，长方形。行状从右向左书写，阴刻楷书，二十七行，满行二十九字，总计有七百七十字。

九八　吉水县丞厅记

青石质，圆额，长方形。额题：分五竖行排列。券文清晰，从右向左书写，阴刻篆书，十八行，满行二十七字，总计有五百九十字。

左承议郎添差通判袁州军州主管学事兼管内劝农营田事汪应辰记，左迪功郎吉州左司理参军汪涓书，欧阳章刊刻，玉溪张辐于淳祐壬寅春季代书。

记述吉水县丞厅的建造、迁移以及发展变化，对于研究吉水地方历史具有重要意义。同时概括了县丞的职责。

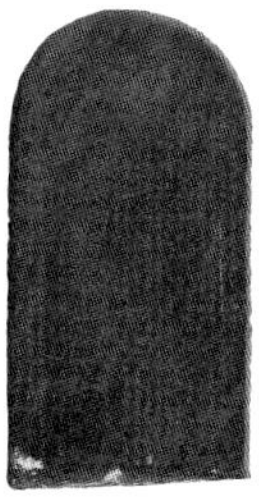

九九 有宋张君重四宣义地券

青石质，圆额，长方形。额题：有宋张君重四宣义地券，楷书，分五竖行排列。券文清晰，从右向左书写，阴刻楷书，十二行左侧刻有道教符箓。总计有一千两百五十四字。墓主张宣义，生于南宋绍熙元年（一一九〇），卒于南宋嘉熙元年（一二三七），嘉熙四年（一二四〇）葬于庐陵县膏泽乡汪塘原，南宋宝祐二年（一二五四）改葬于吉州吉水县中鹄乡洞源原太平山。

庐陵县即今吉安县。吉州于隋开皇十年（五九〇）置。因吉水得名，治庐陵县（今江西吉水县东北，唐永淳元年（六八二）移治今吉安市）。

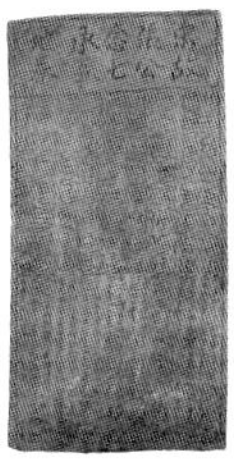

一〇〇 宋故张公念七承事地券

长方形。额题分竖行排列。券文清晰，从右向左书写，阴刻篆书，十六行，满行二十二字，总计有三百二十字。

一〇一 麒麟寿字玉带板

该带板存七枚，分别是圆桃两枚、小长方形辅弼三枚、弧首长方形鱼尾两枚，带板分别镂雕寿字纹，雕刻精湛，意义吉祥。

革带是维系于腰间的宽带，是官服的重要组成部分，用以区分品秩，昭明身份。玉带板是装饰在革带上薄板状玉牌饰。明代典型腰带配有二十枚带板。

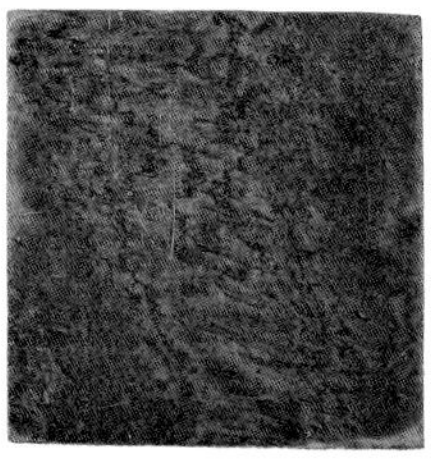

一〇二 翰林侍读学士徐君舜和墓志铭

长方形。券文清晰，从右向左书写，阴刻篆书，共二十六行，满行四十二字，总计有一七一百七十二字。

特进光禄大夫左柱国少师兼太子太师吏部尚书华盖殿大学士知制诰同知经筵事国史总裁长沙李东阳撰，赐进士及弟掌詹事府事通议大夫吏部右侍郎兼翰林院学士经筵日讲官京口靳贵篆，赐进士及弟翰林院学士奉政大夫经筵讲官同修国史太仓毛澄书。

墓主舜和，吉安吉水望族，生于明代成化戊子年，卒于正德辛未年，于正德丁丑年葬在天狱草岗之原。育有三子、二女。弘治癸丑，赐进士第二，授编修。命充正使，赐麒麟服，颁正朔于朝鲜。充经筵讲官，敷说有体。舜和事亲孝，与其兄顺美友而恭。

一〇三 明故恭人亡妻罗氏行状

长方形。券文清晰，从右向左书写，阴刻楷书，共三十四行，满行四十字，总计有一千四百一十九字。

赐进士第中宪大夫福建按察司副使前巡按浙江监察御史周汝员为妻子状述，恭人姓罗，讳品娇，生于弘治九年，殁于乙卯年，是年葬于东山故州之阳乙辛山，年六十。自幼弗群众女，慈仁柔惠，任事弗惮劳，酒食必丰洁，克妇道，勤俭丰约，知大义，薄富贵，处人则和易以厚，骄泰弗形。育有四子。

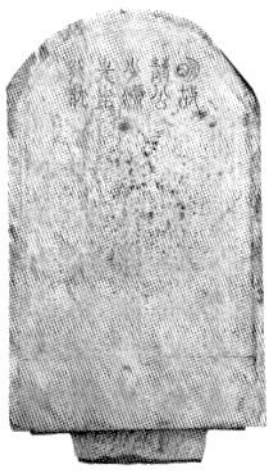

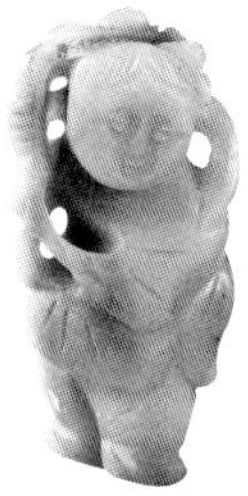

一〇四　明故肖少潭先生行状

长方形。券文清晰，从右向左书写，阴刻篆书，二十九行，满行四十三字，总计有一千一百三十二字。邬元標顷首状并书，孙子郊泣血立石，吉水罗□镌。少潭生于正德丙寅年，终于万历庚辰年，年七十有五。

一〇五　玉雕童子

孩童头挽双髻，粗眉大眼，阔鼻、小嘴，左手置胸前，右手持物举于脑后。局部镂空透雕，雕刻精细。白玉。局部褐色沁。玉雕以童子为题材，有着深刻的含义，最早出现在宋代。童子是人生之初，行为朴质无邪，坦荡自然，代表着返璞归真的境界和坦荡磊落的襟怀，显示出民间浓厚的生活气息。

一〇六　玉雕兔子摆件

兔子前脚半蹲，突出双眼全神贯注前方，神态灵动，栩栩如生。全器以温润的青白玉雕刻而成，用料饱满厚实，是玉雕中难得一见的珍品。活泼可爱的兔子被视为吉祥之物，《瑞应图》：『赤兔大瑞，白兔中瑞』。

一〇七 玉雕虎摆件

白玉。卧姿，四脚卷曲着地，长尾卷贴于臀部，头右视，双目瞪视，阔嘴。肌肉丰满，充满生动意趣。

玉雕虎早在商周时期已经出现，多做片状剪影式。至汉代偶有圆雕玉虎出现。宋元以后多有流行。

一〇八 玉雕八仙小挂件

八仙，是指民间广为流传的道教八位神仙，为张果老、吕洞宾、韩湘子、何仙姑、李铁拐、汉钟离、曹国舅、蓝采和。运用剔雕手法雕刻出栩栩如生的八仙。白玉。

一〇九 长方形白玉砚

长方体，厚重实心。砚堂较浅。包浆自然，青白玉泛青灰色。

一一〇 麒麟纹砚台

随行雕刻，形制优美，砚堂较浅，眉镂雕麒麟纹，线条优美，空灵有节，追琢有神工，动感极强，堪为上品。

一一一 蝙蝠纹砚

砚台呈椭圆形，砚堂较浅，砚眉雕刻蝙蝠纹。

一一二 龙纹砚

椭圆形，砚堂较浅，砚媚雕刻龙纹，龙指爪有力，雕刻生动。

一一三 圣旨碑刻

长方形。中间楷书『圣旨』两字，四周龙纹缠绕。

一一四 汉白玉墓志铭

该墓志碑汉白玉质地，阴刻竖楷书，七行计一百零六字。碑楣阴刻如意勾莲纹装饰。碑石阴刻礼部进士诰授奉直大夫陈炳星顿首拜填等字样，碑中阴刻皇清例授儒林郎鄢公祯老人之墓，并附刻绍綸率孙启锺、启聪、启后、启奉曾孙祥干、祥应、祥德永敬祀。孝男后裔名，左落阴刻同治二年岁在葵亥十二月谷旦年款。

整块碑刻质地洁白、湿润、玉质感强烈。保存完好，对研究清代葬俗、碑刻文化、官吏制度等方面具有重要的实物价值。

一一五 青铜灯盏

圆形盘，直口，平底。圆柱空心状柄。底座分三层，径圈渐大。上层覆碗状，中层覆钵状，下层覆盆状。下层台面环饰方框纹，侧面环饰方框纹套圆圈纹，折肩处饰凹弦纹。整个下层以纵向铜条分割成四等份，各份台面上有一杂耍俑，其中二俑正立，二俑倒立作杂耍状。

一一六　青铜兽

虎头马身，作昂首、夹尾、驻足、长啸状。圆眼，附耳，躯干、四肢强劲有力。身饰条纹间以小圆圈纹。两后腿之间夹有雄性生殖器。

一一七　青铜雄朱雀

雄性朱雀，头有立冠，小圆眼，尖喙较长，颈细长，挺胸收腹，翘尾后勾，足直立，尖爪。自颈以下饰大小不等的卷羽纹，腹下部到足素面，另有一卷云状附件铸接于腹下部。

二号墓所出的铜雀、铜兽造型生动而简练，为以往所少见，其不仅是精美的古代工艺品，同时也反映了墓主人的身份和地位。

一一八　青铜雌朱雀

雌性朱雀。圆头，小圆眼，小尖喙，颈较短，胸腹圆润，臀肥，尾尖略上翘，足直立，尖爪。脖后饰点状纹，颈部至腹部饰大小不等的卷羽纹。后脑及腹下部分别铸接『7』字形和锥形附件。

一一九 青铜铺首衔环腰沿釜

尖唇，直口，短直颈，圆鼓腹，矮圈足。腹中部环饰凸棱一周，肩部饰对称铺首衔环。底有烟怠，应为实用器。简报认为是西晋时期。

一二〇 青铜龙首柄鐎斗

折沿，弧腹，圜底，底部都三足。腹部一侧塑龙首把柄。

一二一 海兽葡萄镜

镜面弧凸，镜背纹饰繁密，中心为半圆形钮，分为两区，内去为人物瑞兽纹，外区为半圆方枚十四对、缠枝纹及枝叶纹。

二三二 青铜活环蒜头瓶

尖圆唇，口部呈蒜头状，长束颈，颈部中间有一活环，扁鼓腹，圈足。

二三三 凸弦纹三足铜盘

敞口，直壁，内底有一周凸弦纹，平底，下置三马蹄形足。

二三四 鸭形铜香薰

鸭肥硕，昂首，张嘴，伸颈，两足平置，重心平稳。鸭身中部水平分上、下两节，下节带子口，口沿有四片子榫，上节扣置其上，不致移动。鸭首与背部刻划有五官、羽毛等纹饰，线条工细柔美。颈部、背部与尾部镂有小圆孔，可使空气流通。造型生动，构思巧妙。

一二五　乳钉纹双耳鬲式青铜炉

圆唇，唇沿外折，沿面立对称绹纹环状耳，鼓腹，下腹附三个袋状足。外腹壁中部云雷纹地上装饰一周凸乳钉纹。

一二六　四方铜镜

镜呈方形。镜面略弧，背面光素无纹，边缘凸起，中央半环形小钮。

一二七　湖州葵口铜镜

呈八瓣葵花形。中心小钮，钮右侧长方形框内铸两竖行楷书阳文『湖州石五郎真炼铜照子』铭文，中间有一凸棱相隔，镜背面边缘凸起。镜面有绿斑，铸造精致厚实。

一三〇 小平底铜钵

方唇，直口，腹壁上部较直，中部以下渐内收，小平底。外腹壁局部可见绿色铜锈斑。

一二九 三足鼎式铜炉

圆唇，折沿，束颈，扁鼓腹，平底，底外缘附三个蹄状足。肩腹部塑对称朝天耳，耳顶面高出鼎口沿。

一二八 三鬲式铜炉

方唇，唇沿上置对称环状耳，侈口，微束颈，扁鼓腹，平底，底缘附三个圆锥状足。外底中心方形委角框刻划『嘉庆乙丑年置』六字款。

一三一　鎏金铜佛像

佛像通体施金内空，观音半跏趺坐于莲花座基上，一赤足向内曲放，另一赤足向外自然伸展，左手扶膝，右手撑扶，两斜肩附童子。头饰卷草纹宝冠，圆脸高鼻，两眼微闭，神态端庄慈祥。

一三二　铜马

鞍鞯齐备的马立于长方形底座上，马左前足收起作奔跑状。马整装待发，神情生动。

一三三　方座锡灯

灯管下承以四方形等座，座沿镂空。灯盏与灯座之间以云状银片连接。银质，表面氧化呈黑色。